河南省名校长
培育工程丛书

# 编委会名单

# 好校长重影响

态度成就高度

朱丹 主编

河南科学技术出版社
·郑州·

图书在版编目（CIP）数据

好校长重影响 / 朱丹主编 .—郑州：河南科学技术出版社，2020. 8（2021.1 重印）
（河南省名校长培育工程丛书）
ISBN 978-7-5725-0065-7

Ⅰ. ①好…　Ⅱ. ①朱…　Ⅲ. ①校长 - 学校管理 - 研究　Ⅳ. ① G471.2

中国版本图书馆 CIP 数据核字（2020）第 127068 号

出版发行：河南科学技术出版社
地址：郑州市郑东新区祥盛街 27 号　　邮编：450016
电话：（0371）65737028　65788613
网址：www.hnstp.cn
策划编辑：李喜婷
责任编辑：李平平　周青珠
责任校对：杨艳霞　乔伟利
封面设计：王莉娟
责任印制：张艳芳
印　　刷：河南博雅彩印有限公司
经　　销：全国新华书店
开　　本：720 mm × 1 020 mm　1/16　　印张：15　　字数：237 千字
版　　次：2020 年 8 月第 1 版　　2021 年 1 月第 2 次印刷
定　　价：59.00 元

# 序　言

## 好校长的炼成非一日之功

陶行知先生说："校长是一个学校的灵魂，要想评价一个学校，先要评论他的校长。"校长的优秀程度，决定着学校发展的高度。

好校长的评价标准是什么？正确的管理理念，亲和的形象魅力，良善的人格品性，强大的课堂领导力，悲悯的教育情怀，等等。一个好校长有诸多的美丽侧面，侧面越多形象就越饱满。好校长不是"高大上"的圣人，也有一些不足和瑕疵构成了带有缺憾的"完满"。但是，我认为一位好校长还是要有最基本的几项优秀品质：个人的文化影响力，清晰的办学思路，感人的语言风格和明快的讲话策略，这些是校长在成长过程中达到某种程度的里程碑。

近年来，河南省教育厅陆续开展了六批中小学名校长培育工程，以造就一支有示范引领作用的专家型校长队伍为目标，以基础教育改革发展和实施素质教育为中心任务，对一批办学实绩突出、发展潜力大的优秀中小学校长进行重点培养，着力提升他们的理论素养、胸襟视野、科研能力、专业精神，促进其办学治校综合能力的提高，使他们成长为有重要影响力的杰出校长和领军人才，并带动和促进全省中小学校长队伍水平的整体提升，为河南基础教育事业快速发展和中原更加出彩发挥重要作用。

在校长培育的过程中，我们发现了一个重要且尴尬的问题：虽然教育理论的资料汗牛充栋，但深耕一线、具有真知灼见和实操经验的鲜活教材很少。市场上关于校长的图书中，适合河南本土乡情、校情、教情、学情的书并不多。

此次编印这一套丛书包括：《好校长有思路》《好校长会讲话》《好校长重影响》。作者都是河南各地有些名气的一线校长，他们把实践中的所遇、所为、所想以及经验和教训进行总结提升，写成了可读性强、贴近性强的文字。我们把它们进行梳理，整合成了一个系统性的校长教材。这套书既能够拿来就用，又能够为校长的中远期发展提供不竭的续航动力，希冀对广大校长起到启发、借鉴的作用。

在《好校长有思路》一书中，可以看到校长普遍关注着办学目标、办学理想以及怎样实现的过程。实现的过程有诸多的思路，建好一支管理队伍、班主任队伍、教科研队伍、教师队伍、心理家教队伍，无疑是一条条重要的思路。而知人善任、人尽其才正是一位好校长的基本标准。这在义务教育阶段实行教师队伍“县管校聘”管理改革的当下有着特别的意义！

《好校长会讲话》这本书让大家有一个别开生面的新鲜感，这类书在书籍丰富的今天还不多见。时代发展了，民主办校、家校联治成为校长办学的共识，与学生的交流，与家长的交流，与社会的交流，成了校长难以回避的主要工作内容之一。怎么讲？讲什么？讲的初衷和效果怎样？都是校长们思考研究的问题。这本书从精选的校长讲话实战出发，为读者全景呈现了中小学、幼儿园校（园）长在不同场合、面对不同对象时的讲话案例。以校长怎么讲话来编写一本书，着实弥补了河南中小学校长培育的一个空白。

大家对河南教育的感觉似乎是默默无闻。河南没有好学校吗？河南没有好校长吗？带着这种思考，我们还编写了《好校长重影响》一书。教育是“一棵树晃动另一棵树”，说出了教育的本质就是影响力。影响力既是宣传策划、活动安排、平台建设、媒体利用等，更是一种文化的建设和道德感召力。我们不能把影响力看成是涂脂抹粉、沽名钓誉，它既是善美的弘扬，真理的传播，又是和社会、大众的沟通交流。

这三本书各成体系，从不同侧面呈现了校长身上必须具备的修养和素质。这套丛书从办学理论与实践结合之处切入，为中小学校长修行为“好校长”提供了一条有借鉴价值的路径。本套书的出版使我省中小学名校长培训有了专用书，希望读到此书的同志多提宝贵意见，为本套书的提升和再版一起努力。

本套书的出版，得到了河南省教育发展基金会的大力支持，在此深表感谢！

朱丹

2020 年 7 月

# 目 录

## 建平台——搭好台子唱好戏



## 巧策划——居高声自远

## 树典型——春风化雨润无声

## 善借力——酒香也怕巷子深



## 重舆情——急风乱雨山自静

# 建平台

## ——搭好台子唱好戏

**郅广武** 郑州市第八中学校长

郑州市第八中学校长，中学语文高级教师，中国教育部信息中心中国教育发展网理事，郑州市人民政府教育督学。河南省中小学名校长，河南省教育厅优秀管理人才，河南省五一劳动奖章获得者，河南省教育系统优秀工作者，河南省教育厅学术技术带头人。

# 构建多维度宣传格局，彰显名校社会影响力

**学校新闻宣传是学校展示办学与管理水平的重要窗口，是学校树立良好形象和赢得社会良好评价的重要媒介。**在竞争日益激烈的教育环境中，加强学校宣传工作，建设好校园宣传平台，将其作为学校的一个重点工作来抓，已在我校教职工中形成共识。

我校在积极加强宣传平台建设、立足校园主流媒体、用好新媒体空间、努力占领校园信息传播制高点等多方面做出了一些有益探索。

## 一、加快融媒体建设，构建新闻宣传平台立体网络

我校在牢牢把握好传统媒体的基础上，紧跟网络新媒体发展趋势，有针对地开展工作，主动引导校园网络舆论。

### （一）持续发扬传统宣传平台优势

**校报、校刊、广播站、校园电视台等学校的传统宣传媒体，依旧在师生群体中发挥着重要的舆论导向作用。**

《八中校园》报于1999年12月17日出版创刊号，至今已有21年的办

报历史，每两个月出版一期，每期内部发行3000份，免费发送给在校师生，让广大师生看到自己学校的整体精神风貌和教育教学成果。

在宣传平台打造上，《八中校园》报形成了它成熟的发展模式，一是指定专门教师主持校报日常工作；二是对报社学生成员进行分工，明确工作程序和采编思路；三是在报纸出版后，及时收集读者对校报的看法和建议，使校报在良性循环中发展；四是与社会新闻单位联系，邀请新闻记者、编辑到校给学生进行新闻写作培训，并组织学生参加《大河报》《河南商报》《郑州日报》等省市社会媒体的“校园小记者”采访实践活动，以此增强采访意识，提高新闻识别能力和写作能力。《八中校园》报在丰富师生校园文化生活、宣传学校教育成果、提升学生人文科学素养和综合写作能力等方面，都发挥着重要的引领作用。

《八中校园》报创办至今，先后在2005年获得郑州市校报评比一等奖，在2006年、2007年连续两年获得全国中小学优秀校内报刊评比最佳校报一等奖、最佳编辑奖、最佳版面奖等。

郑州八中校园电视台成立于2006年。校园电视台创立之初，就坚持“电视台学生办”的宗旨，让学生主导电视台的各项活动，小到学校的日常记录，大到学校的“社团文化艺术节”“迎新文艺汇演”等，在学校的统筹协调、大胆支持下，八中校园电视台积极组织学生独立为各项活动提供技术支持。

2019年，郑州八中校园电视台的学生们独立完成了学校秋季运动会、社团迎新展演两个重大活动的现场导播任务，协助完成了三部专题片的制作，拍摄各类活动视频累计时长110多个小时，为学校的宣传工作和资料保存做出了自己的贡献。

除此之外，学校还通过校刊、班级广播、钉钉群、微信群、朋友圈等教师常用宣传平台，将丰富多彩的校园文化活动及时向社会、家庭推送，展现了学校的良好形象，取得了社会各界的理解与支持。

### （二）努力做强校园主流网络媒体

**郑州八中校园网站是基于学校单位建立的校园官方网络平台，承载着信息化教育时代网络教学、对外宣传、教育管理的基本任务，是远程教育发展**

的必然趋势和必需平台。为打造在社会中具有绝对公信力的校园网络主阵地，学校做了以下几方面的工作。

首先，完善校园网主题板块，并细化专题栏目。郑州八中校园网共分品质八中、八中资讯、教育教学、德育八中、党团专栏、教工之家、八中教育集团、学生天地、校友天地、数字八中、视频八中 11 个主专题栏目，各专题栏目下分别有多项子栏目，点对点的网络查找方式使访客能够更快捷地找到有效信息，增强访客体验的舒适感，增加访客回访率。

其次，校园网网页的内容和编辑质量直接反映学校的文化技术水平和整体形象。为了更好地发挥校园网的积极作用，学校特制订了《郑州市第八中学校园网管理更新完善办法》，网站的信息发布严格实行责任人管理机制，不仅保证了网站发布内容质量，也使学校的重要新闻更快捷地在校园网上得到反映。

**（三）用巧用好新媒体，推动自主化宣传**

随着新媒体时代的迅速到来，传统网络的传播力度和优势不再明显，运用微信等新媒体加强和创新学校宣传工作已成为新的发展态势。目前，我校微信公众平台以“郑州市第八中学”公众号为主，“郑州八中领导力联盟”“郑州八中团委”“郑州八中机器人社团”等子公众号为辅，充分发挥自媒体传播优势，掌握教育新闻宣传的主动权，让其成为社会见证学校成长的窗口，助推学校发展、服务社会大众的平台。

**（四）充分利用公共网络媒体平台**

主动适应“互联网 +”思维，充分发挥社会媒体助推力量。在保持与《河南日报》《郑州日报》《教育时报》等传统纸媒关系的基础上，我校主动争取郑州教育局新闻办等有关部门支持，强化与省、市新闻媒体的沟通和合作，与各大媒体的网站、微博、抖音号等建立良好的合作关系，并由学校宣传专干负责对接。

**（五）高度重视打造线下宣传交流平台**

我校连续三年出版新闻宣传作品集，2017 年《创新之路》、2018 年《守正创新》及 2019 年《向善向前》三本书作为学校年度新闻集萃，对学校的领导管理、课程建设、德育建设、教师风采、学子成长、教育成果等多方面内容进行全方位报道，展示了学校教育发展的精彩瞬间，成为我校对外展示的又一个有力的宣传窗口。

我校线下交流的另一有效途径是举办教育论坛。校长作为学校代言人，在河南省中小学名校长高峰论坛等各种大型会议场合，对学校的办学理念、课程文化建设、校园文化建设、德育文化建设等进行全面解读，向社会展示了郑州八中良好的教育风貌。除此之外，我校举办的河南省英语阅读教学研讨会、郑州市初中数学创新教育研讨会、郑州市初中作文教学研讨会等多种学科交流活动，让我校在社会上大放异彩。郑州八中的良好口碑也使其他地市学校慕名而来、交流学习，口口相传的力量也助力我校塑造良好的品牌形象。

## 二、统筹规划聚合力，砥砺前行正当时

近年来，我校在新闻宣传上有多个策划成功、具有重大影响力的案例。仅以 2019 年为例，我校紧紧抓住中招考试的关注热度，积极策划新闻点，在每场考试结束之后，第一时间推出对本场试卷的点评、分析，并在郑州教育信息网、映象网、大河网、今日头条等多家省市媒体平台发布。其中，仅在大河网一家媒体平台上，各学科试卷分析点击量均在 10 万以上。

2019 年 12 月 31 日，我校举办“礼赞祖国 建功八中”社团迎新文艺展演。此次展演规模巨大，郑州八中、郑州市经纬中学、高新区实验中学三个校区均参加了此次展演活动，河南省教育厅副厅长毛杰、郑州市人民政府副市长孙晓红等到现场观看了演出。本次演出除了以直播形式向社会宣传报道，还以通稿的形式在央广网、映象网、大河网、郑州教育信息网等多家媒体报道，向社会展示了我校崭新的精神风貌。

2019 年 12 月 31 日，我校收到了一份感谢信，信中感谢我校学生李承泽，他及时发现所居住的小区天然气泄漏，及时报告门卫和消防部门等，并积极帮助疏散整栋楼的居民，避免了重大安全事故的发生。收到感谢信之后，我校老师及时联系了李承泽同学和写感谢信的居民们，在了解了事情的来龙去脉之后，第一时间联系了媒体进行新闻报道。当日，《郑州日报》《郑州晚

报》、中原网等媒体报道了这则正能量的新闻。随后，河南日报、河南电视台等媒体也纷纷跟进报道，《人民日报》、新华社、中央电视台、《经济日报》等多家媒体也对李承泽的事迹进行了报道，一时间呈井喷式的新闻报道让李承泽同学成了大家心目中见义勇为和充满智慧的“小英雄”。

2020 年 1 月 9 日，在阿里巴巴天天正能量评选活动中，李承泽荣获了第 321 期正能量奖；5 月 31 日，李承泽同学获评 2020 年河南省“新时代好少年”。正是因为有对新闻的敏感把握，有及时、有效、大范围的新闻策划与报道，当代青少年的榜样——李承泽的事迹才会影响更多的人。

2017 年 4 月，我校历时三年的“感动八中”人物评选活动落下帷幕，张喜乐老师被评选为“感动八中”人物。为此，我校结合了整个评选过程中评委对张喜乐老师的评价、张喜乐老师优秀事迹展播等内容，以《郑州八中“阳光好老师”之宁静淡泊的张喜乐老师》为题，对其进行了宣传报道。随后，这篇报道被市教育局相关部门看到，张喜乐老师便被选为郑州市第五届师德巡回报告团成员，并于当年 9 月开始，在全市进行师德巡回报告。张喜乐老师的巡回报告打动了很多现场聆听的教师，郑州八中的名字也因为张喜乐老师被更多的人知道。这就是新闻宣传报道引发的连锁反应。

**学校宣传平台建设是学校宣传工作的重要组成部分，在引导正确的舆论导向、推动校园主流文化的建设、引领学校的发展方向、促进学生思想素质的提高等方面发挥着重要的作用。**新媒体技术的不断发展，为推进学校宣传工作带来了机遇，也带来了挑战。只有不断创新工作方法，强化宣传队伍建设，提升宣传工作者的思想意识、能力水平，才能在新形势下驱动正能量，为教育宣传工作的进一步发展做出积极的贡献。

**侯清珺** 郑州市金水区文化路第一小学校长

郑州市金水区文化路第一小学党总支书记、校长，全国小学优秀校长，河南省名校长，河南省教师教育专家，河南省优秀教育管理人才，河南省教育系统先进工作者，河南省骨干教师。

# 以文化人，创宣传品牌　知行合一，助品质提升

近年来，文化路一小本着“服务于党建品牌创建、服务于学校品质发展、服务于师生幸福成长”的原则，树立“学校就是传播新时代中国特色社会主义思想坚强阵地”的理念，通过“3+3”工作模式的开展，理清思路，强化措施，着力打造“高效、务实、创新”的宣传工作品牌，助推学校品质再提升。

## 一、坚持三级推进，加强组织领导，提升宣传意识

在大力开展创建“党建品牌”活动、加强弘扬社会主义核心价值观、深入推进精神文明建设、确保意识形态工作扎实有效开展的格局下，**文化路一小根据新时期的发展需要，进一步加强宣传工作的管理、全面提升宣传工作水平、力争实现学校宣传工作在高度和广度及深度上实现突破**，在新闻中心原有“综合协调部、技术保障部、专业指导部、校级通讯员、年级通讯员”等结构框架的基础上，认真分析、梳理与完善，再次进行细化分工。

### （一）成立新闻宣传督查部

以校长为组长、以学校副书记任副组长，其他班子成员、各年级长为成

员的新闻宣传工作督查部，整体全面督促、推进新闻工作的开展与落实。督查部每学期初召开一次宣传工作专题会，安排部署本学期工作；每学期中听取一次宣传工作汇报会，了解新闻中心整体运行情况，分析存在的问题，督促及时进行整改；每学期末举行一次宣传工作总结会，总结本学期新闻宣传工作的完成情况，表彰优秀通讯组、优秀通讯员。

**（二）成立新闻宣传编辑部**

新闻宣传编辑部下设新闻中心协调部、校级新闻编辑部、年级通讯部、照片采集部。新闻中心协调部，负责对外媒介的联系、新闻投送、新闻照片选取、一周一月新闻汇总等相关工作；校级新闻编辑部，是从办公室、教导处、德育处抽调人员组成的，负责进行学校亮点新闻、校级活动新闻的撰写工作；年级通讯部，是由各年级组推荐选取骨干教师组成，负责进行年级新闻撰写、投送媒介等工作。另外，为了保证新闻工作的有效性，新闻中心主任认真把关学校亮点新闻后，校长要再次进行核实，各业务部门负责领导要把关校级活动新闻，年级长要把关年级活动新闻。

**（三）成立微信公众号编辑部**

微信公众号编辑部下设视频编辑部、微信美篇编辑部，由各年级组自荐的骨干教师组成并开展相关工作。**通过三级“网格化”管理的推进，真正形成了主要领导负总责、分管领导亲自抓、各部门具体抓、全员参与的工作局面。**

## 二、采取三种方式，搭建品牌平台，凸显宣传特色

**在一草一木皆有情的校园中，无时无刻不在发生着令人难忘的瞬间和记忆，学校通过各种渠道进行大力的宣传和报道。**

**（一）加强与主流媒介的联系**

学校开展的大型活动和上级部门的指导检查，我们积极联系各大主流媒体，邀请他们来到学校进行报道和宣传。各年级组的通讯员也会在第一时间，将活动新闻及时发送到相关主流媒体的联络邮箱，供各大主流媒体参考和借鉴。

**（二）加强现有媒介的作用**

学校充分发挥“郑州教育信息网”“金水教育信息网”等网站的作用，及时投送新闻稿件。

**（三）加强自身媒介的作用**

1. 深入强化“校园网”新闻宣传阵地作用

学校充分利用自身开发的“校园网”，开辟“党政在线”专栏，对深入推进“不忘初心、牢记使命”主题教育、深入开展“树标兵”、创立“党员先进示范岗”等活动进行大力宣传和报道，真正让“一名党员就是一面旗帜”发挥实效。另外，将学校动态及时进行更新，国家级、省级等教育行政部门的主要教育方针政策，市、区等教育行政部门的一些重要文件和通知都会及时发布。同时，学校还结合省、市、区等教育行政部门开展的活动，开辟“教育博客”等相关专栏，推动此项活动的持续开展。

2. 着力发挥“微信公众号”宣传主阵地作用

一是扩容提质，拓宽宣传平台。文化路一小的微信公众号早在 2015 年就已经开通，**2018 年 11 月在原有基础上整合、改版、提升，增设“党建园地”“悦之读”“家长课堂”等栏目，建立了三大板块“文之韵”“文之声”“文之实”。**

“文之韵”板块包含学校简介、辉煌历程、乐享课程，详细介绍学校的发展历程、目前概况，认真回顾学校每年取得的辉煌荣誉，详细介绍乐享课程的实施、框架等。

“文之声”板块包括校园动态、党建园地、教师风采、悦之读、学生天地。“教师风采”“学生天地”专栏向社会展示优秀的文一榜样和中原名师、省级名师、郑州骨干教师等老师们的卓越风采，宣传师生之间发生的教育故事以及学生的精美作品。“校园动态”传递学校举行的特色活动和开展的重要工作。通过“党建园地”专栏，着力打造“互联网 + 党建”宣传工作品牌，建设信息化党建管理和宣传平台，加大党建品牌的宣传力度，以党建工作的高质量引领教育改革发展高质量。“悦之读”栏目，不仅展示学校老师的风采，更提升了家长与学生参与阅读的热情。

“文之实”板块包括家长课堂、校长信箱。“校长信箱”拉近了校长与教师、家长、学生之间的亲密关系，通过专栏为学校发展建言献策。“家长课堂”及时分享家校共育的各种建议，指导提升家长的育人经验。

二是专题策划，挖掘宣传价值。学校积极探索微信公众号平台在学校文化育人中的独特价值，以有温度、有热度、有厚度的专题策划，传递时代正能量，拓展校园文化内涵。

**特别是在延期开学期间，基于疫情催生的新型线上组织形态和线上学习样态，新闻中心以及时关注、实时记录、定时推送、全时聚焦的工作思路，策划了云上的学校、教育战“疫”人、文一公开课、少年当自强、线上风景线等五大系列共 14 期公众号内容**，为六千余名文一学子提供居家学习生活指南以及“文一榜样”展示平台，记录了文一教师团队在新型学习模式下的专业追求与锐意创新，梳理了“停课不停教不停学”背景下学校管理、课程研发、线上教学、德育建设等方面的成果。

“一面党员就是一面旗帜”，新闻中心策划的专题“教育战‘疫’人”，报道了一批用实际行动彰显先锋本色、践行初心使命的文一党员。在这一专题的整体策划中，新闻中心坚持个人事迹接地气、经验成果可复制的原则进行采访组稿，让微信公众号成为宣扬优秀教师先进事迹和树立教师个人教学品牌的双重平台。新闻中心先后推出了五期内容，其中有徐小红老师居家学习背景下学习小组的实践、谢宏翼老师探索线上教研新样态、杨秀卫老师线上直播主题中队活动，等等。

同时，**新闻中心还坚持贴近儿童，通过微信公众号与孩子们对话，传递正能量，增强文化认同。**2020 年 3 月 15 日，疫情形势依然严峻，孩子们自春节起已经宅家两个月，网课也已经上了一个月。从调查问卷和“云家访”中明显地感觉到，“网课”最初的“新鲜感”已经难以抵挡户外的春意盎然。学校的微信公众号在这一天推出这样一篇文章，题目叫作《孩子，别慌，我们在校园等你》。在新闻中心的精心策划下，四个校区的值班领导拍下空荡荡的校园，并逐一对应找出去年此时同一场景孩子们活动的照片，将两张照片制作在一起，配上一首绮丽的小诗和动听的音乐。这首小诗的开头写道：“以文化人，知行合一，这是我们曾经背诵了无数遍的校训。在当下，你们一定有了更深刻地体悟。以文化人，不寻常的境遇，是记忆也是成长；知行合一，不一样的学习，是经历也是担当！孩子，别慌！春暖花开时，美丽的校园还会书声琅琅！”这一篇推文一经发布，立刻在老师和家长们的朋友圈刷屏，同时吸引了媒体的关注与转载。微信公众号后台也收到了很多家长们的留言：“孩子看到日思夜想的校园，激动得哭了。”“看到这么用心这么温暖的照片，我们家长都非常感动，孩子说他要听校长的话，好好宅家，好好学习。”

## 三、健全三项机制，积极营造氛围，强化宣传保障

新闻宣传工作的开展，要建立健全良好的工作机制才能得以保障。

### （一）完善奖励机制

为调动全体教师投入到新闻宣传工作的热情，学校出台了相关奖励措施，将投稿数量纳入教师的绩效考核之中。同时，在年终学校表彰大会中，着重表彰优秀通讯组和优秀通讯员，为他们颁发奖状、配备宣传工具。

### （二）实行目标管理机制

学校制定投送新闻的目标任务，把任务量化到各个年级，量化到个人，形成了人人重视新闻宣传工作、人人参与新闻宣传工作的氛围。实施“周周有通报、月月有总结”。由新闻中心组织实施，每周统计各年级的新闻宣传工作情况，并及时在全体教师微信群中进行通报表扬，每月将学校活动中的数据和遇到的问题进行汇总，以便清晰地看到工作的进展轨迹，表扬先进，督促跟进。

### （三）规范新闻审核机制

新闻中心成员、各业务部门负责领导、各年级长为新闻推送工作的第一责任人，必须保证报送、发布的信息遵守国家的相关规定，实事求是，严格审查新闻发送内容，规范新闻发送审核程序，未经审核的新闻不得报送和对外公布。必须保证新闻推送的及时性，凡是上午的新闻，当天下午下班前必须发送；凡是下午的新闻，第二天上午 12 点之前必须发送。另外，凡是发送到公众号及主流媒体的新闻必须经业务部门领导审定、新闻中心主任审查、

校长审核后，方可予以推送。

正是在这种方式的推动下，文化路一小的新闻宣传工作取得了较好的成绩，多次被评为郑州教育信息网先进集体、金水区新闻宣传先进单位一等奖。我们也将继续通过新闻宣传工作这个有力抓手，大力弘扬社会主义核心价值观，深入推进精神文明建设，确保意识形态工作扎实有效开展。同时，**我们也将继续挖掘新闻宣传的价值，服务好学校的教育教学、服务好学校的全体师生，着力推进学校的品质发展。**

**高正起** 郑州中学校长

郑州中学党委书记、校长，全国杰出校长，全国教育创新与改革优秀校长，全国五一劳动奖章获得者，全国职业道德建设标兵，河南省五一劳动奖章获得者，河南省特级教师，河南省中小学名校长。

## 搭建网络，精准施策，质量流量双提升

教育宣传是学校教育工作的重要组成部分，是教育事业持续健康发展的重要保证。**在努力创办人民满意的教育和全面深化教育教学改革的新征程上，教育宣传工作任重道远。**当前，一些家长对教育规律把握不准，对教育认识存在误区，盲目推崇成绩排名，唯分数论，从而忽视了素质教育和学生全面、多元、个性发展的重要性。

做好教育宣传工作对学校而言意义重大。**一方面，积极的教育宣传能够引导家长理性选择学校，促进教育均衡发展；另一方面，做好宣传教育工作有利于学校树立良好的社会形象，主动赢得群众对学校的认同。**

近年来，郑州中学高度重视教育宣传工作，学校成立了宣传工作领导小组，积极搭建校园宣传平台，倾力培育新闻宣传队伍，适时优化新闻宣传奖励机制，教育新闻宣传工作取得了一些成绩。本文将着重从校园宣传平台建设角度谈学校的教育宣传工作。

## 一、搭建校园自媒体、政府教育主流媒体、社会媒体并重的校园宣传平台

**校园自媒体是校园文化的重要组成部分，是宣传学校教育教学改革，弘扬学校主流教育文化、强化教育的社会属性、培育学生树立正确的“三观”、加强学校精神文明建设的“锋刃利器”，**对连接学校与社会的关系，培育具有核心素养的人才，保证学生全面发展有举足轻重的作用。

网络技术的飞速发展使得媒体形态发生了质的变化，许多新媒体脱颖而出。我们目前运营管理的新媒体主要有微信公众号、微博、抖音（测试阶段）、头条号。2019 年郑州中学加入郑州市教育新媒体联盟，并成为首批常务理事单位。联盟定期邀请专家对各学校新媒体建设情况进行统计，分层次设置指标权重，从内容建设情况、用户活跃度、媒体影响力、联盟建设贡献度等维度评价影响力。根据河南省教育新媒体暨舆情研究中心监测，郑州中学每月教育微信综合传播力稳居郑州市前五名。

**政府教育主流媒体是教育信息传播的权威渠道，社会公益属性强。**在弘扬主旋律、传播正能量方面素材鲜活，内容健康，营养丰富，正能量充沛。目前，郑州中学信息传播的教育主流媒体平台是河南教育宣传网、郑州教育信息网。学校年度发稿宣传量占郑州市学校市级以上媒体发布总量的“半壁江山”，在郑州教育信息网发稿最多。

**社会媒体是教育宣传的主阵地之一，社会责任强，影响力、传播力大。**在教育不断变革的今天，社会媒体是维护教育公平和宣传、推动学校教育发展和变革的重要力量。近年来，郑州中学积极借力社会媒体，围绕学校创新人才培养和国际教育特色办学、课程建设、教育教学改革、学生成长和大型活动等宣传主题，主动寻求宣传机遇，凝聚媒体力量，编制并实施了集平面报纸、电视广播、网络传媒、社会自媒体于一体的多元立体宣传网络格局。

入驻“今日头条”，注册“郑州中学”头条号，利用“今日头条”强大的影响力宣传学校教育教学取得的成绩。郑州中学从 2017 年初入驻头条号，累计在“今日头条”发表宣传稿件 700 余篇，仅 2019 年 1 月至今，头条号所

发文章共获得160多万推荐量，阅读量67万余人次，取得了良好的宣传效果。

## 二、与媒体建立合作关系，构建立体宣传网络；引入第三方机构，合力打造自有媒体品牌

在传统媒体和新媒体均十分发达且各具特点、各领风骚、各有受众的时代，仅仅依靠学校自身力量进行宣传，显然效果有限。加上学校从事宣传工作的人员基本上以教师兼职为主，从宣传内容到宣传策略、从新闻切入角度到新闻叙事风格、从新闻质量分析到新闻价值挖掘、从新闻投放范围到受众心理分析等都缺乏必要的技术和经验。因此，**与媒体建立合作关系，充分利用媒体的力量来宣传学校才可以真正达到好的宣传效果。**

近年来，我们与《河南日报》《大河报》《东方今报》《郑州日报》等传统媒体均建立了密切合作关系；与新媒体如人民网、中国网、大河网、中原网、大豫网、网易河南等建立合作；不仅如此，学校还与在河南影响力较大的“家有考生”“家长帮”等自媒体建立了一定的合作关系。这样就使得学校宣传渠道丰富，宣传网络畅通，宣传手段多样。同一个新闻，在保障新闻真实原则的基础上，各媒体根据自身的影响力和不同的受众群体、不同的叙事风格、不同的切入角度进行不同层次的宣传，极大提升了宣传的效果。例如，2020年，郑州中学初中部6名同学被西安交通大学本硕连读少年班录取，仅此一个新闻，有的媒体从学校办学理念出发、有的媒体从学校创新人才培养的途径出发、有的媒体从师生关系出发，用十几个角度对该新闻进行报道，使社会对学校有了更全面、更深入的了解。

郑州中学自身运营有微信公众号、微博、抖音号、头条号等，但是由于缺乏专业人员，无法保证媒体高质量地运营，自然也就影响了宣传的高质量与高效率。因此，学校适时引入第三方机构，代为运营学校媒体平台。相较于以前，引入第三方机构后，无论是整体设计、新闻编排，还是结构版式、界面风格都得到了极大改进，其影响力迅速扩大。

## 三、把握群众需求，选准宣传角度，精心策划文案，媒体精准投放

宣传要为学校教育教学服务，为树立学校品牌服务，为人民群众了解学校服务，为人民群众答疑解惑服务，宣传的作用不可谓不重要。因此，做好学校宣传，要找准切入点，精心撰写文案，选择有影响力的媒体。下面略举两例进行说明。

2017年郑州市中招报名前夕，很多家长对怎么选择学校感到非常迷茫甚至非常焦虑，学校的咨询电话经常被“打爆”。针对这种情况，我们认为学校有义务、有必要针对家长的焦虑和疑惑进行一次科学的指导和解答。因此，我们精心策划撰写了一篇文章《什么样的学校才是好学校》，通过学校微信公众号和头条号推送。正如我们所料，该文章大受欢迎，一天时间头条号推荐量即达11.1万次，微信公众号阅读量3万多人次。在解答群众疑惑的同时，也极大地宣传了学校。

2019年3月，我校初中部人才培养模式创新实验班7名同学被西安交通大学本硕连读少年班录取，录取人数位居全国中学首位。对于如此优异的成绩，学校精心策划了宣传方案。我们精心组织了以“郑州中学7名初三学生预定硕士帽，别人家的孩子是怎样炼成的”为题的宣传文案，邀请多家媒体到校参加“创新人才培养成果媒体见面会”，然后精心选择了在河南极具影响力的融媒体《猛犸新闻》及《大河报》等进行推送，在社会上引起了强烈反响，仅《猛犸新闻》一家媒体，一天的阅读量即达到10万以上。后来，该新闻被人民网、网易、腾讯网等数十家媒体广泛转载，其影响辐射全国。

## 四、拓宽宣传渠道，利用线上平台，扩大学校影响

新媒体时代的信息传播较之于传统媒体时代有了本质的变化，数字化的传播方式大大增加了传播的信息量，同时有别于传统媒体单向传播的交互式传播让新媒体时代的新闻宣传更加便捷、有效，而且能够实现社会和学校之间的无障碍沟通交流。因此，郑州中学特别重视利用线上宣传平台特别是直播形式的宣传，以强化宣传效果，扩大宣传影响。2020年，学校利用线上宣

传平台，策划了两个大型直播宣传。

2020 年 6 月 9 日，我做客大河网“中招面对面”直播间，就广大家长关心的中招问题现场答疑解惑，从学校办学理念、育人方式、教育教学改革、学校办学特色等全方位向社会介绍了郑州中学，同时与家长互动。本次直播吸引了 22 万多人观看，线上线下互动热烈，收到了极好的宣传效果。

2020 年 6 月 29 日，学校又策划了线上“云探校”活动，邀请大河网记者到校，以现场直播的形式对学校教育教学、教师队伍、学生学习生活、课外活动、社团活动等向社会进行了多角度、全方位介绍。“云探校”直播活动吸引了约 19 万名家长在线观看，学校的影响得到进一步扩大。

## 五、学校宣传工作目前存在的问题

部分部门、教师宣传思想意识还不够强；新媒体时代，需要全媒体人才支撑；学校支撑宣传平台的专业文案人员短缺，采编力量薄弱；学校校园宣传传播效果以单向传播为主，校园媒体缺乏融合发展的主动性。解决这些问题，最需要改变的是调整郑州中学校园媒体的组织框架，建立统筹管理校园媒体的部门，统一不同宣传平台人员的思想观念，加强技术人员培训，着力解决媒体融合的技术屏障，实现有深度、有广度的媒介融合。

**王　瑞**　郑州市第二高级中学校长

郑州市第二高级中学校长，博士，正高级教师，特级教师，享受国务院政府特殊津贴专家，首届国家基础教育教学成果二等奖项目主持人、光明日报基础教育智库委员会特聘专家，全国群众体育先进个人；河南省优秀专家、河南省政府特殊津贴专家。

# 学校宣传队伍建设

学校宣传工作是展示学校办学与管理水平的重要窗口，是树立和赢得社会良好评价的有效媒介，是加强思想政治建设、意识形态建设，塑造学校良好形象，促进学校优质多样化发展的重要途径。

**郑州市第二高级中学（原郑州市第二中学高中部）紧紧围绕“信息化、国际化、自主化”的发展战略、“健康、博爱、有为”的育人目标及“自主发展、快乐成长”的办学理念开展对外宣传工作**，倡导学校“勤”文化，及时报道学校教职工敬业爱岗、无私奉献的先进事迹，积极宣传学校教育改革发展中的重要举措，全面展示学校在教育、教学、科研、学生发展等工作中取得的成果，让社会更多地了解、关心、支持学校，营造了有利于学校教育事业健康发展的和谐氛围，为实现学校教育教学质量大提升、内涵品质发展凝心聚力，为树立学校“开放、自主、创新”的办学形象贡献了力量。

## 一、建立组织机构，明确责任分工

### （一）领导小组全局把握，整体规划宣传工作

成立了由学校党政主要领导亲自挂帅的学校宣传工作领导小组，全面负责学校宣传工作的组织领导和协调工作，使学校的宣传工作向规范化、制度化、科学化方向发展。

领导小组主要负责全校新闻宣传工作的领导、组织和协调工作；定期研究学校对外宣传工作，提出对外宣传的思路和基本目标，下达对外宣传任务；结合学校的重大改革发展举措、工作目标和工作重点，研究和制定新闻宣传工作计划；组织、管理对学校重大活动或突发事件的信息收集、信息沟通和宣传报道工作；定期组织通讯员进行业务学习和技能培训，加强学校宣传队伍建设；指导各部门开展新闻宣传工作；定期总结学校新闻宣传工作并组织表彰工作。

### （二）领导小组下设办公室，具体落实宣传工作安排

领导小组下设由办公室主任担任主任、各中层干部及年级长担任副主任的办公室。主要负责创造性地落实领导小组工作安排，确保新闻宣传工作的良性发展；指导、督促本部门通讯员工作；对本处室和年级新闻和信息发布负监管责任；及时总结本部门日常管理中的“闪光点”和“创新点”，召集该部门的通讯员老师进行宣传报道；对通讯员工作提供必要的工作支持。

### （三）工作小组下设通讯小组，进行稿件组稿工作

成立由办公室一名工作人员牵头，各处室、年级通讯员组成的通讯小组。主要负责宣传报道学校的教育、教学、科研等开展情况，学生活动及各项工作成果，积极宣传我校师生员工优秀事迹，认真撰写稿件；学校网站栏目建设、运行管理、维护；及时发布新闻和信息，更新网站内容；每月对网站发布的新闻和其他信息进行统计。

## 二、日常宣传稳定持久，重点时期宣传“火力迅猛”

### （一）明确各部门宣传工作重点，确保全年、全方位“发声”

学生发展中心：“开放办学”活动、德育活动、班主任队伍建设、主题

教育活动、“自主发展、快乐成长”相关活动、体育活动、安全教育工作等。

教师发展中心：课堂教学、日常管理、师资培训、学科组备课组建设、新课程改革、校本课程、研究性学习、信息化创新班建设工作、教育科研工作等。

国际部：国际交流、合作办学、国际班建设、交换生、留学生等工作。

总务处：财务管理、服务育人、校园绿美净化、优化办学条件、安全工作、食堂建设、后勤服务工作等。

办公室：上级有关精神的宣传工作、学校整体工作、党建工作、离退休教师管理工作、文明单位创建、平安单位建设等。

工会：体现学校人文关怀的新举措新办法，开展活动、教代会等。

团委：共青团活动、团队建设活动等。

信息中心：创新性教育教学改革活动、创客活动等。

各年级：富有年级特色的自主管理举措、教育教学活动、德育活动、优秀师生事迹等。

**（二）中招期间开展“六讲”主题系列宣传活动**

1.“讲好二中故事”之教师赞歌

开展我身边的好老师活动，宣传重点为班主任、智库专家、名师等，师德突出、教育教学有特色的教师。

2.“讲好二中故事”之教研风采

优秀教研组宣传活动，陆续推出对教研组的宣传报道。

3.“讲好二中故事”之学生视角

在学生中开展“我的校园、我的班、我的老师”主题征文活动，择优在学校网站和微信平台发布，发布征文数量计入学期年级发稿数量。

4.“讲好二中故事”之家有考生

开展“家有子女在二中”征文活动，讲述孩子在学校的学习、生活与成长的点滴故事。

5.“讲好二中故事”之学校管理

梳理学校、处室及年级在管理方面的亮点举措，进行报道，树立学校管理有序、风清气正、运转高效的良好形象。

6.“讲好二中故事”之融媒共建

精选媒体，与媒体进行广泛深度合作，在中招期间形成全方位的宣传态势，为中招宣传助力。

## 三、建立积分评价办法，以评价促工作提升

### （一）积分办法

各处室、年级每月发稿任务数统一为在郑州市教育信息网发布稿件六篇，每篇积1分。被其他媒体采用：市级积6分（大篇幅的积9分）；省级积9分（大篇幅的积12分）；国家级积30分（大篇幅的积40分）。

各部门在郑州市教育信息网上发布过的稿件，相关部门通讯员要在稿件发布当天把新闻稿件转载于学校校园网站相应位置（校园动态办公室专门负责）。除此以外，各部门通讯员还要积极收集素材对本部门负责的校园网相关板块内容进行及时更新。每周各个板块至少更新两次。

### （二）评价办法

（1）每月任务完成情况以是否在郑州市教育信息网上发布六篇稿件及以上为评价标准。

（2）如当月发稿任务没有完成，部门、年级负责人写出书面说明，经主管副校长审签后，报学校宣传工作领导小组。

如当月发稿数量超过任务数量，每超出一篇，在当月绩效工资中奖励通讯员15分，中招宣传期间，奖励双倍。根据《郑州市第二高级中学教职工平时考核实施方案（试行）》规定：通讯员每月在保质保量完成新闻发稿量的基础上加5分（岗位职责系数与计分标准）。

（3）每次有新闻在市级以上媒体发表时，办公室负责以校信通的形式通告全体老师。

（4）每周各处室、各年级通讯员向办公室报送当周发稿情况，办公室经过整理后，在行政会上进行通报。

（5）每个学期对先进集体和优秀通讯员进行表彰，并在全体教职工大会

上予以通报表扬。先进集体和优秀通讯员分别占总数的三分之一。

## 四、对各处室、各年级推荐的通讯员提出要求

每个部门推荐政治素养高、工作责任心强，具有一定文字功底的通讯员1~2名。有两名通讯员的部门，当该部门当月发稿数量超出任务数时，对发稿数量多的通讯员进行奖励。同一部门或跨部门联合组稿，组稿人原则上不超过两人，发稿平均算入部门和通讯员发稿数量。

## 五、强调宣传要求，保证宣传效果

新闻宣传坚持“正、真、快、新”。一是坚持正确的舆论导向、正面宣传报道。多介绍学校的好做法、好经验、好成效，多宣传好人好事好风尚，多弘扬真善美。二是注意稿件的真实性。三是快，注意时效性，活动类稿件一般要求在活动当天或第二天上午9:00之前上传、发布。四是新。要求通讯员报道的内容要新颖，报道的角度要有新意，同时认识要有深度，符合当前教育宣传的主旋律，努力做到新闻稿定位高、选题准、内容精。

## 六、严格审核发布程序，确保稿件质量

通讯员采写稿件→部门领导（年级长、处室主任）审稿→将图文上传至办公室新闻稿件接收邮箱并通知办公室工作人员→办公室工作人员根据稿件情况上传至各媒体和学校微信公众号。

## 七、做好学校宣传工作的一点感悟

### （一）思想上高度重视，行动上高度关注

重视是做好新闻宣传工作最基本的前提。在我们学校，无论是校长、书记，还是副校级、中层干部都非常重视宣传工作，经常过问稿子上传、发布情况，并在稿子发布后，关注稿子，如有问题，会及时指出，保证稿子不出现原则性错误。当学校具有宣传价值的新闻事件发生后，及时提醒相关部门的通讯员采写稿件，并对宣传重点和注意事项给予提醒。

### （二）建立通讯员队伍，并持续调动工作热情

**每个学期开学初都要重新组建通讯员队伍，都要召开一次由部门通讯员和负责领导参加的宣传会议，总结过去，开启新学期工作。**总结形式不仅仅是列出先进个人的一、二等奖，还要将发稿数量向与会人员公示，这样更能对通讯员及负责人起到激励作用。在日常工作中，每四周对宣传工作进行一次小结，统计的发稿数字会在行政会上进行公示。日常通讯员发稿，办公室都以校讯通的方式对全校进行告知。

### （三）让稿件真正成为凝聚人心、宣传学校的重要载体

稿件通过校讯通发布时，稿件的链接地址一起发布，这样老师们收到校讯通就可以直接点击、查看、转发稿件，领导带头转发，慢慢就形成了氛围。**老师们转发得多了，宣传的范围自然就扩大了，效果也就出来了，老师们在转发的过程中对学校的各项工作有了更多的理解和认识，认同感和归属感进一步加深。**

### （四）一个出口，对发出的稿件进行统一管控

稿件由各个部门来写、来初审，但传送稿件的部门只有办公室，审核、上传人只有一名工作人员。这样有利于在政策层面、导向层面进行统一的管控，最大程度避免稿子出现重大错误。而当稿子有问题出现的时候，上级部门和学校领导只需要联络一个人就可以，提高了工作效率。

**慎玉杰** 济源市济水一中教育集团总校长

济源市济水一中教育集团总校长，中学特级教师。曾荣获河南省名校长、全国优秀校长、河南省教育厅学术技术带头人、河南省教育系统先进工作者、河南省教育科研先进工作者、河南省教育厅优秀管理人才等称号。

# 用新思想打造新时代学校宣传队伍

宣传思想工作是意识形态领域一项极其重要的工作。从学校教育的角度来说，学校宣传队伍的每个成员要始终牢记“举旗帜、聚民心、育新人、兴文化、展形象”的15字方针。具体来说，举旗帜就是要站稳政治立场，坚持正确的舆论导向；聚民心就是贴近实际，关注一线，深入一线采访报道，凝聚起人民的力量和智慧；育新人就是要引导师生迈进新时代，争做时代新人；兴文化就是要营造良好的教育文化氛围，传承弘扬中华优秀文化与培育践行以社会主义核心价值观为核心的时代新文化；展形象就是要唱响主旋律，传递正能量，讲好教育故事，塑造教育的良好形象。

## 一、用新理念指导新时代学校宣传队伍建设

济水一中是济源市教育局直属初级中学，2016年成立教育集团，现有两个校区，76个班级，在校学生4100余人，教职工260余人。近年来，学校高度重视宣传思想工作，坚持以习近平新时代中国特色社会主义思想为指导，依托《人民日报》《人民教育》《学习强国》《中国教育报》《教育时报》

等主流媒体，在推动宣传队伍组织建设方面进行了一系列探索与实践。

**（一）先行一步，以阵地探索促宣传队伍建设**

**随着网络技术兴起，学校宣传阵地由单一走向多元与融合，宣传平台日益多样化、专业化。**由宣传橱窗、工作简报、校园广播、校报等发展到目前又增加了校园网、电子显示屏、微信公众号，以及美篇、微博和抖音等。新媒体的发展，对学校宣传队伍建设也提出了新的要求。

为适应发展，济源市教体局成立了教育新闻中心，将原有教育电视台、网站、刊物等进行融合。学校按照上级要求，成立了新闻办公室，对接教育新闻中心，具体负责学校对外宣传。2013 年，作为校长的我带头注册了全市学校第一个微信公众号，记得当时是 2013 年 12 月 25 日，就此“jsyz20131225”这个公众号，一直沿用至今。

**没有采编队伍，我们就让全体行政会议成员轮流负责编发。随后，又率先创办了《济中校苑》校报和《新荷》学生报，**校报由督导室和新闻办两位主任负责组稿，学生报由语文组教师轮流负责组稿。校园网由办公室负责后台运营以及栏目设置等。2016 年，学校成立教育集团，济水校区和玉泉校区两个校区分别设立公众号，并组建各处室兼职通讯员队伍，负责对各窗口内容更新管理，宣传力量进一步增强。

新闻办每月将校园网、微信更新情况在“行政督导简报”中进行反馈通报。校园广播以学生会干部为主要宣传力量，通过班级风采展示、校园新闻、学生习作、活动通知，以及校园歌曲、戏曲等栏目对学校进行宣传展示。电子显示屏、宣传橱窗、条幅标语等由学校办公室与后勤部门结合，定期更新内容，更换版面，营造宣传文化氛围。

**（二）身体力行，以行动引领宣传队伍发展**

**我校高度重视宣传工作，在“以人为本、立德树人”教育新思想、新理念指导下，校长带头引领宣传工作，助推队伍建设的探索与实践。**

组织领导：成立以校长为核心的学校宣传工作领导小组和新闻办，设立一名中层正职领导担任新闻办主任，协助校长具体指导学校宣传工作的开展。校长和书记带头做宣传思想工作，把稳政治方向，加强宣传工作领导。同时，学校号召全体行政干部增强宣传意识。校长和中层干部带头做微信、做美篇、做抖音，积极主动运用自媒体，做好分管部门的宣传工作。

制度建设：学校建立和完善了新闻宣传工作制度，校园网管理制度、微信编发管理制度，以及新闻宣传表彰激励机制和意识形态工作管理规定，规范了学校宣传工作秩序，营造重视宣传、学习宣传、主动宣传的文化氛围。每学期对优秀通讯员、宣传标兵、先进个人进行表彰激励，纳入学校荣誉系列进行积分。

队伍组织：加强五支宣传队伍建设。我校组建以新闻办为主的新闻采写与对外宣传队伍，负责学校活动的稿件采访、撰写，向各级媒体投稿宣传。组建校园网宣传队伍，各处室设立兼职通讯员一人，共五人，具体负责处室的宣传工作和校园网处室窗口的内容更新管理。组建微信编辑宣传队伍，负责稿件采集、微信编发及对外宣传。

### （三）搭建平台，以培训助推宣传队伍提升

**一是通讯员新闻写作知识培训；二是网络编辑业务培训；三是学校文化宣传培训；四是走出去学习提升。**

新闻写作知识培训。我校鼓励通讯员积极参加教育局等上级部门组织举办的新闻写作知识培训，多向《中国教育报》《教育时报》等主流教育媒体的记者学习新闻写作知识，掌握新闻采写技巧，提升新闻报道水平和新闻文化素养。还积极创造条件，争取让通讯员外出培训学习，开拓视野。

网络编辑业务培训。校长亲自参加对各处室的兼职通讯员和网络编辑进行的专题培训。培训内容和方式多种多样，有思想引领、业务指导、规章制度，还有照片采集、采访技巧、写作方法、编辑排版技术，以及校园网、微信更新发布方法技巧。除了学习理论知识，还有一对一、手把手的操作指导。培训结束，培训人员到各自办公室，现场编辑上传新闻稿件，进行实战性的巩固练习。

将学校文化宣传纳入教师队伍培训。在每学期新进教师培训中，加入学校新闻写作、新闻宣传知识培训内容，学习学校品牌报道经验文章、观看学校专题片，一方面帮助青年教师认识学校文化，学习学校文化，宣传学校办

学思想；另一方面帮助青年教师增强宣传学校的主人翁意识，认识到宣传学校、树立学校品牌形象是每个教师应有的义务和文化自觉。

## 二、用新作为助推新时代学校宣传队伍出新彩

宣传成为文化自觉。学校领导班子的宣传思想意识进一步增强，能够带头做宣传，讲宣传，做学校宣传的代言人，带头讲学校教育故事，传递学校教育好声音。学校宣传制度不断完善，激励机制进一步增强，教师热心宣传，主动宣传学校的主人翁意识进一步激发。

宣传业务水平增强。全体通讯员在培训与实践中得到锻炼，新闻写作、新闻摄影、编辑排版、营销策划的信息整合融合能力全面提升，涌现了一大批宣传精品，登上了主流媒体头版头条。

宣传队伍不断壮大。各处室兼职通讯员队伍扩大到 5 人，通过培训指导与工作开展，宣传水平显著提升。微信编辑队伍进一步充实，增加了 3 名年轻的、专业比较对口的新教师，补充了新鲜血液，战斗力进一步增强。学校党总支设立了宣传委员，宣传职能进一步发挥。教师宣传成为文化自觉，组建了教师公众号编辑宣传队伍。目前，教导处设有济中教师公众号，定期发布教师专业成长和教育教学方面的文章。学校各学科组都有学科公众号，由备课组长负责发布。校园小记者社团先后吸收培训小记者 200 多人，在全市活动中，我校小记者或参与采访报道，或担任解说员、主持人、志愿者等，为教育鼓与呼。

学校宣传工作成效突出。近年来，校长、副校长和新闻办组织 10 多次对通讯员的培训，培训 500 多人次。一对一小组培训形成了常态化。宣传队伍的成长激发了教师专业发展新动能，也带来了学校发展、办学活力、品牌创建新活力。我校对外宣传工作多年稳居全市首位，学校年年荣获宣传先进单位，多次荣获教育好新闻奖，受到省市表彰，多次在全市宣传工作会议上进行经验交流。

## 三、用新思路破解新时代学校宣传队伍建设困惑

宣传工作是一项极端重要的工作，多年来，由于我们对宣传工作的重视

和不断探索，不断用新思路破解宣传队伍建设遇到的困难，通讯员队伍与时俱进，负重前行，努力与时代一起成长，各项工作一直位居全市前列。但是，宣传工作也是一项非常辛苦的工作，**文字工作是个创造性极强的精细活，一篇好的报道需要站位时代，立足工作，其思想性和典型性往往又高于工作，需要从许多方面搜集素材，提炼加工，不仅需要腿勤，还需要眼勤、脑快、手快。既要全程关注，又要深挖有时代感的新闻点，中间往往需要多次修改完善。**有时候一篇好的报道，需要数十次的修改，需要多次补充采访，多方求证，反复推敲，可谓劳心费神，呕心沥血，而通讯员往往又身兼数职，时间和精力经常被分散，需要履行“一岗双责、一岗多职”，大量的宣传报道稿件都是加班加点完成的。这些难题都需要我们进一步去破解。

另外，困扰学校宣传队伍的还有职称晋级问题。由于工作性质，通讯员获得荣誉的机会非常少，在晋级的时候困难重重。绩效奖也经常达不到教师绩效奖的平均数，更不能像班主任那样每月有专门的津贴、在评优晋级等方面受到倾斜照顾。这就需要上级部门和学校领导多关心他们的成长与生活，例如设立少先队职评系列，为他们创造条件解决晋级等切身问题，让他们的付出能够得到应有的认可和回报。

当下，我们也看到随着教育全面迈进新时代，教育治理体系和治理能力现代化的推进，学校宣传队伍建设也迎来新的机遇，在晋级等方面有了新的政策支撑。这无疑是个好消息。我们将用习近平新时代中国特色社会主义思想指导队伍建设，进一步完善工作激励机制，大胆开拓创新，吸收更多有一技之长的青年教师和新闻爱好者，进一步充实宣传队伍，优化工作环境，为中原出彩、教育出重彩做出教育新闻人的新贡献。

# 巧策划

## ——居高声自远

**张颖君** 安阳市第七中学校长

中小学高级教师，安阳市第七中学校长，安阳市第七中学学区管委会主任。先后荣获河南省中小学名校长、省优秀教育工作者、省教育厅优秀教育管理人才、省教育厅学术技术带头人、省优质课一等奖等荣誉称号。

# “互联网 + 心理健康”教育，打造特色课程体系

心理健康教育是全面贯彻党的教育方针，落实立德树人根本任务的重要渠道，是素质教育和课程改革的重要抓手。随着社会的发展和学生认知特点的改变，初中生心理健康教育的必要性和迫切性日益凸显。对此，学区创建了心理健康教育信息化平台，在实践中进一步探索心理健康教育的创新策略。

同时，学区聘请国内知名心理专家，对全学校教师开展心理咨询知识与技能培训，并与中科院心理培训机构建立战略合作关系，**构建了包括社会、学校、家庭三个方面立体的心理健康教育体系，**形成了具有七中特色的“互联网 +”环境下的线上线下全时空心理健康教育模式，提高了心理健康教育的实效性。

## 一、“互联网 + 心理健康”课程建设

在实践中，我们进一步丰富了心理健康教育资源，充分发挥“心理健康教育信息化平台”中的“心理课程”模块的资源整合优势，构建了包括心理网课、公开课、微课、名师课等在内的心理健康教育的立体课程。

**“心理防护‘心’知识”系列特色课程为线上教育补足心理正能量。**疫情期间，学区要求每班保证每周一节在线心理辅导课。专职心理老师陆续推出“疫情心理防护‘心’知识”“疫情之下如何高效学习”等系列课程。课程有效帮助学生识别自己的焦虑水平，学会调节负面情绪的方法；引导学生从对学习的感受出发，思考学习的意义，端正学习态度，适应在线学习的形式。

**开设“关爱学生，从心开始”系列微课。**家庭环境对于学生的心理发展有着重要的影响。学区精心制作了《幸福家庭》《孩子我听你说》等系列微课，开设了“关爱孩子，从心开始”系列课程，把心理健康教育渗透到了家庭教育之中。学区邀请心理专家给实验班做感恩讲座，并在心理健康教育信息平台推出李玫瑾、俞敏洪等专家家庭教育讲座的音视频文件。播放微课、开展心理教育活动及心理讲座，使心理健康教育入脑入心；心理健康成为教师、家长和学生的共识。

## 二、“互联网 + 心理咨询”的开展

**网上心理调查相较书面问卷等传统调查法更加便捷、快速、高效，且可以降低成本、节约资源。通过网络对中学生进行心理调查，了解其基本心理特征、需要，可以更有效、更及时地发现学生的心理问题及其心理问题的特点和严重程度，从而提高心理健康教育的针对性和有效性。**

### （一）网络心理健康筛查系统使心理教育分析精准化成为可能

（1）新生建档，输入信息。每新学年开始，进行新生信息的录入，确保新生及时建档、全员归档。

（2）量表测量，个性分析。对新生进行量表测量，分析其人格类型、性格特征、心理特点，建立基础数据，为心理辅导提供理论依据和重要参考。

（3）分析诊断，提出建议。学生进行量表测验后，专家团队根据诊断结果，结合对学生的观察和档案资料的分析，对学生心理健康状况进行评估。根据评估结果，制定相应的教育或干预措施。

（4）跟踪反馈，完善档案。对于建议的落实情况及学生心理改变情况，专家团队进行持续跟踪观察或反馈。将数据及时纳入学生的心理健康档案之

中，为学生心理发展留下足迹。

**（二）多位一体的心理辅导和心理危机干预网络使心理教育有效性得以落实**

从研究的实践性出发，学区构建了家校、社校联动网络心理教育平台。学区组织心理健康教育中心专兼职心理教师和班主任，构建了一个融合心理教育、班级管理、热线电话、网络咨询多位一体的心理辅导和心理危机干预网络。学区心理咨询室面向师生全天开放，并设立了网上心理咨询信箱，为学生创设了信件咨询窗口，由心理教师采用回信的方式，为学生解答心理疑难，进行心理疏导。

## 三、“互联网＋心理健康”教育的开展

心理健康教育贯穿于学区教育教学活动之中，同时，我们在“互联网＋”环境下收集了第一手资料，并设计了精彩的团体心理辅导课程，举办了丰富多彩的社团活动和特色活动，如歌咏比赛，心理剧比赛，心理游戏大比拼，心理健康征文比赛，敬老院和孤儿院社会调查、慰问等活动，全面提高了学生的综合素质，参与活动学生的心理品质得以提高。

**学生主导的线上心理班会课成为心理健康教育的主要方式。**学生主导的线上心理班会课采用学生互动的模式，以游戏或小组讨论的形式开展，在游戏和讨论的过程中，增强班级荣誉感和班级团结意识。每月一次的心理班会课活跃了班级氛围，调动了学生的积极性，同时也增进了家长和孩子之间的感情。大家在娱乐、对话的过程中增进了了解，促进了理解，有助于学生心理健康水平的提高和人格的健全，并使学生获得了诸多心理方面的知识。

**线上心理社团成为心理健康教育常态化的主要形式。**网络具有信息量大、交流便利和虚拟性强等特点，新时代的学生对于网络有着更加浓厚的兴趣。基于学生的网络兴趣，由学生自主在 QQ 上建群，组建线上心理社团。线上心理社团开展活动时，由社团成员提供话题，社团成员积极发言，阐述自己的观点；教师穿针引线，进行积极对话、疏导。通过生生交流、师生交流，实现了团体心理辅导网络化、虚拟化，延展了心理辅导的渠道和效果。

开展线上班主任微咨询活动成为班级管理个性的有效依托。在课题研究中，班主任也具有了双重角色：60 多位班主任教师除了当好“教学主播”外，还有一个重要角色——“心理咨询师”。在网络课堂中，学生可以通过网络学习平台发私信给老师。对于具有普遍性、代表性的问题，教师会提前录制几分钟的音频或视频，下次上课时给学生解答。

## 四、“互联网 + 心理健康”教育师资的培训

借助学区心理健康教育平台的资源，我们以教师心理沙龙、教师心理网络课堂及讲座、教师成长小组等形式，全面开展了心理健康教育师资培训，促进了心理健康教育教师的专业发展。

### （一）组织教师积极参加心理健康教育网络培训

学区开设“教师心理成长”线上工作坊，不仅减轻了教师线下书写的压力，打破了空间限制，还激发了教师之间交流的热情。线上工作坊利于教师宣泄不良情绪，分享心得，并逐步提高自身的心理素质，减轻师源性焦虑，课堂上也很少出现师生对立的状态，学生学习兴趣普遍增强。

### （二）有效提升教师心理教育专业水平

为打造专业、有素养、懂心理的教师队伍，2013 年，学区制订了《安阳市第七中学学区班主任心理培训计划》。由学区出资，对部分中层干部、班主任进行国家三级（二级）心理咨询师培训，学区现有国家二级心理咨询师 6 人，三级心理咨询师 63 人，报考二级心理咨询师的 13 人。目前，班主任能够在工作中广泛运用心理干预及教育方法，取得了显著效果。学区下阶段计划扩大培训范围，争取让所有一线教师都能够学习心理教育知识，把心理教育运用到教育教学中。

## 五、“互联网 + 家校联盟”的运行

学区依托“心理健康教育信息化平台”中的“家长空间”模块，针对当前青少年成长中的困惑、学生与家长沟通中的困惑等问题，设置“案例分析”“家长课堂”“心理测试”“留言板”“活动海报”及“网上咨询”等

栏目，使家长能够及时了解学区心育活动的信息，共享教育经验。学区安排朱春红、刘芳老师进行网络心理咨询，为家长做心理疏导，释疑解惑。同时，线上线下有机结合，积极为家长举办“预防校园欺凌，远离不法侵害”“如何做一名新时代的合格父母”等家校共育讲座。以上举措的实施，促进了家校共建活动向纵深发展。

**设置网络“教育会客厅”。为满足广大家长交流、成长的需要，学区将心理健康教育信息化平台中的家长空间改造升级，加入教育会客厅元素，开启了家校合作的新模式。**“教育会客厅”网络板块的功能有：定期发布公益活动安排，推送家校互育相关文章，设置留言板，收集家长在教育过程中的疑问、困惑等。同时畅通推广路径，家长自行关注学区官网和微信公众号“教育会客厅”，了解日程安排和活动动态；家委会负责推进组织报名事宜和具体的活动对接。

开展线下心理健康教育活动。根据心理健康预警排查，班主任对有心理疾病隐患的学生给予及时关注。结合班主任接待日约见家长制度，班主任与家长及时交流学生现状，进一步了解家庭支持系统的有效性，有针对性地给予家长可操作性的教育建议。对于共性的问题，一方面心理咨询教师就亲子沟通问题，开展主题心理沙龙；另一方面，班主任老师通过梳理班级的共性问题，开设小规模的家长课堂，请优秀家长代表作主持人或组织者，开展育子心得讨论，分享科学高效的育子技巧和亲子沟通方法，引领家长进行反思，缓解部分家长的焦虑情绪。

**目前，学区初步形成了“发展、普及、矫正”的心理健康教育模式，心理教育工作开展得有条不紊。**学区先后接待市、区兄弟学校观摩学习，受到业内人士以及社会各界的普遍好评。学校先后获得“健康杯”全国第二届中小学心理健康教育优秀成果评选先进学校、河南省德育工作先进学校、河南省义务教育标准化实验学校、安阳市教育系统先进集体等荣誉称号。

**王军霞** 鹤壁市淇滨区明达小学校长

鹤壁市淇滨区明达小学书记、校长，河南省中小学名校长、省教育系统先进工作者、省优秀教育管理人才、省学术技术带头人、省教师教育专家、省骨干教师、省教育领军人物等。

# 大课间课程化让孩子具有生命的张力

明达小学围绕“爱创明达”的办学理念，大课间课程化让孩子具有生命的张力。大课间是学校德育体系“9+1+N”中的“1”，即每天锻炼一小时，日日大课间（“9”是每学年 9 个月，月月过节日；“N”是 N 个班，班班有亮点）。以培养学生体育学科核心素养的三个维度：体育精神（体育情感和体育品格）、运动实践(运动能力和运动习惯)、健康促进（健康知识和健康行为）为目标，实施大课间管理课程化，通过全校师生共上一节大课，达到四有大课间：有体能发展、有技能学习、有运动兴趣、有团结互助。

## 一、科学规划课程

课程是实现育人目标的主要载体，是学生健康快乐成长的“营养配餐”。课程年级规划完全按照学生的生理、心理特征来设计，课间运动部分按照体育课的准备部分、基本部分、结束部分进行。运动负荷和练习密度根据年级而定。我校有体育教师 5 名，音乐教师 5 名，共同负责大课间的课程开发、组织和实施。

一年级文明礼仪操：时间 15 分钟，地点升旗广场。由拍手进场、简单手位操、礼仪操、游戏、退场五个部分组成。学生边唱边跳，强身健身、安全教育、习惯养成三全其美。

二、三年级动感啦啦操：时间 20 分钟，地点篮球场。由拍手进场、啦啦操手位动作、啦啦操套路动作、眼保健操、放松游戏、退场六个部分组成。

四、五、六年级特色足球操：时间 25 分钟，地点足球场。由拍手下楼、活力暴走、传球接龙、眼保健操、32 手位操、基础球技（双脚左右踩拉球、双脚交替踩球、钟摆式运球、正脚背踢球、内跨外拨组合动作）、足球瑜伽、还球退场八部分组成。

**整个大课间从准备热身活动到基本技能再到最后的放松恢复，有体能发展、有技能学习、有运动兴趣、有团结互助。**三个环节安排由静到动逐渐增加负荷，让学生微微出汗，最后通过放松活动使学生逐渐恢复平稳的心率，再整理带队回教室上课。

## 二、学校管理精细

我校成立以校长为组长的领导小组，学生成长中心负责督导考评，体育组和音乐组联合管理三个学段的日常教学和辅导，班主任分一个搭班教师和班级学生边练边辅导，形成全校师生共上一节课的局面。年初就列在学校工作计划中，实施过程有四个要点。

### （一）推进课程有序

分为“四步走”策略。第一步，教师先集体备课，研讨出大课间课堂教学设计，由点开始，在学校足球、啦啦操社团中教授技能试行，调整难易程度，确定出各年级所学技巧内容。第二步，由点到面，按照确定内容，通过体育课和大课间对学生进行教学。第三步，全体学生跟音乐排练队形，共同练习，强化技能。第四步，督导检查，每日大课间评分员站在主席台检查反馈，保证练习效果。

### （二）推广策略创新

在普及教授大课间内容时，为了解决学生多，体育教师少，课时少的局面，学校利用多方面手段进行普及教学。教师提前录制好每节大课间内容的微视频，通过每日分享至班级群，让不同年级的孩子，在课余时间，也能很好地学习，并且巩固今日所学所练内容。

（三）环节设计巧妙

首先，从大课间音乐铃声响起，学生就会离开座位，放好凳子，门口站队。此环节不允许老师拖堂，否则会因个别班级进场慢，而影响整个大课间拖堂，影响孩子上厕所甚至会影响下一节上课。其次，在音乐选配上，注意和训练内容的契合，如节奏明快，曲调清新的进场音乐引导各年级到达指定位置；准备活动 2 分钟，选取欢快动感音乐。第三，一年级在升旗广场，直接站在设定的五角星点位即可，二、三年级在篮球场直接站在迎春花点位即可，四至六年级在足球场，按指定路线入场后辅以传球接龙游戏，有效解决了发球收球的难题，每周轮流安排一个高年级班的部分学生一下课不站队就来推球筐，加上啦啦操手位操、冬季“O”形跑来达到热身效果；在基本技能环节，每年会调整符合学生年龄阶段特征的内容以提升学生的新鲜感；活动中间音乐贯于激励性语言振奋人心；最后 2 分钟，分别以舒展动作或瑜伽动作放松，用音乐曲调舒缓身心。

（四）课程实施有力

习惯培养：每天上下午第二节课后，随着下课铃声响起，学生轻放板凳、跟随音乐有秩序走出教室；一二年级拍手踏步入场，三至六年级随着音乐节奏的变化，学生一出教学楼就由拍手转为暴走，甩臂大步走向操场。沿着跑道绕行至班级的固定位置原地踏步调整队形。

具体内容：一年级礼仪操四项内容。1. 眼保健操：从小让孩子认识眼睛的重要性，眼保健操在我校是每个年级必做操；2. 文明礼仪操：文明礼仪操是一年级小朋友大课间的重点内容。自入学以来，每天大课间进行练习，从小培养孩子的文明礼仪，注重习惯养成，让孩子们人人争做文明小达人；3. 入门啦啦操：进行啦啦操入门练习，根据孩子们的年龄特征、兴趣爱好，结合节奏欢快的音乐，让孩子们认知啦啦操，发展孩子们四肢协调能力；4. 爱国操：结合时代特点，创编一套《歌唱祖国》爱国操，通过简单易学的动作、舒缓的音乐，既让孩子慢慢放松，恢复身心，又能结合爱国歌曲，让孩子从小培养爱国精神。

二、三年级啦啦操四项内容：1. 眼保健操：养成良好习惯，注重保护视力；2.32 位手位操：是啦啦操的基础动作，由 32 个简单的手部动作组合而成，两个拍子一个动作，在欢快音乐的伴奏下分八个八拍完成，32 位手位操培养了同学们动作的准确性和身体的动感，为学习整套啦啦操动作奠定了基础；3.《快乐的歌》啦啦操：《快乐的歌》是一套完整的组合动作，包含身体的全方面，既有原地动作，又有向不同部位变化的动作。在欢快音乐的伴奏下，运动量逐渐增大，在培养学生良好身体姿势的同时使学生的心肺功能得到发展；4. 游戏《石头剪刀布》：在轻松欢快充满童趣的音乐带领下，同学们根据歌词分别用手和脚步比画石头、剪刀、布的动作，通过游戏的方式使身体在运动后得到放松。

四至六年级足球操五项内容：1. 传球接龙：跟随传球音乐的节拍，学生以球筐为目标侧身站成微弧形，做传球接龙游戏；2. 眼保健操：经过两节课的上课，学生们适时地做眼保健操，能很好地保护视力，预防近视的发生。我校每天眼保健操与足球操相结合，既保护视力又强身健体，提高学生身体素质； 3. 啦啦操—32 位手位操：啦啦操是一项集体操、舞蹈、音乐、健身、娱乐于一体的体育项目，我校不仅仅是足球特色校而且也是啦啦操特色校，啦啦操与足球紧密相连不仅能锻炼学生的身体协调能力，还点燃了学生的运动激情；4. 球技特训：“双脚左右踩拉球、双脚交替踩球、钟摆式运球、正脚背踢球、内跨外拨组合动作”。学生在上肢热身运动后，进行脚下足球基础技巧练习，通过个人控球、两人搭档、小组合作的形式，循序渐进，培养学生对足球技巧的掌握；5. 瑜伽放松：足球代表着速度和激情，而瑜伽代表着放松和平静，历经一番激情昂扬的足球运动后，孩子们已汗流浃背，此时的瑜伽不仅是对身体的放松，还能平复心情，以最佳状态投入到室内课堂中去。

## 三、督导评价有效

有课程就要有评价，评价是课程育人的重要环节。德育活动“9+1+N”

体系中的“每天锻炼 1 小时，日日大课间”，就是学生评价“9+1+N”体系中“1 个好身体，健康第一”这一培养目标的具体体现。

每天大课间，大队部的课间操检查小组，认真检查各班的做操情况，依据检查标准打分记录，期末纳入班主任考核，与评优评先挂钩。每年 10 月份阳光体育节，常规组织班级“最美大课间”评比，从出场、做操、退场，到队列队形，以赛促练，以练促发展。每年积极参加各级教育部门组织的“大课间评比”活动，以活动促研究，以活动促成长。

## 四、素养落地有声

在严格实施每天 1 小时最美大课间的基础上，我们还创建了校园足球“9+1+N”体系，9 是 9 个维度，普及到位：一片足球场地、每周一节足球课、每天一小时足球大课间、每人一个足球、一本教材、每季一次知识大讲堂、每年级一支足球啦啦队、每班一名足球小记者、每队一名足球小裁判，“1”是指足球节日，每年一次，在每年的 10 月份举办。“N”是指 N 个班，班班有足球队。

大课间管理课程化让学生集体荣誉感和凝聚力不断增强，真正实现了“快乐运动，健康生活”的美好愿望。在上级领导的关心支持下，学校被评为 2015 年全国首批青少年足球特色学校、2016 年河南省最美大课间比赛一等奖，2017 年鹤壁市淇县教育局局长带领淇县校长及体育教师 70 余人来校参观大课间，2018 年山东、南阳、新乡等地近千人来校参观学习，中央电视台十套《讲述》栏目来校录制宣传片。

人人都需要体育精神！体育精神告诉我们要向更高、更好的目标看齐。看到花园里的种子破土而出，我们会莫名地快乐；看到蹒跚学步的孩子，我们有莫名的喜悦，这些都是对生命力的致敬。明达大课间管理课程化，让体育学科核心素养的三个维度：体育精神、运动实践、健康促进都在不同层面浸润着每个孩子。它看似让学生的体育运动能力得到进步，其实，更是让学生拥有内心更强大的力量，让孩子具有生命的张力！

**张文栓** 辉县市吴村镇中心学校校长

中小学高级教师，辉县市吴村镇中心学校校长。先后被评为河南省学术技术带头人、河南省教师教育专家、河南省优秀教育管理人才、河南省中小学名校长、2017 河南年度教育新闻人物、第二届河南最具影响力校长等。

# 动静结合，把校园常规活动做新做深

辉县市吴村镇中心学校近几年用生动的办学实践成为新时代乡村学校发展的新标杆。作为一个地处偏远、交通不便、资源匮乏的典型乡村学校，由最初的举步维艰到现在的声名鹊起，一路走来，是奋斗的足迹和挥洒的汗水换来了现有的辉煌。

现在，这所拥有 50 年办学历史的乡村学校，处处体现着富有前瞻性的现代教育理念、先进的教育管理、大胆的教学改革、现代化的教学设施、令人瞩目的办学成果，被誉为“中国现代乡村样本学校”。

## 一、在追问教育之本中让学生拥有未来

2012 年春，我被任命为辉县市吴村镇中心学校的校长，学校也迎来了搬迁到新校区的发展机遇。此时，我不断追问：教育最根本的目标是什么？

什么样的教育是好的教育？这不仅仅是对教育目的的思考，还包括对教育过程的思考。**好的教育应该用好的教育过程达到好的教育目的，是过程与结果的统一；好的教育既要看到当下教育中学生的生活状态，又要考虑到未来几年、**

十几年的可能生活状态，应该是现在和未来的统一，现实和理想的统一。

我想到了一直被高度关注和热议的“课程”一词，大多数学校的课程意识开始逐渐苏醒，当前，课程开发更是以锐不可当之势成为基础教育中最核心的关注点。

经过思考和实践，我们确立了“一体两翼，动静结合”的发展思路，即在“动”和“静”两个字上做文章。动，就是以球类运动为主的体育活动课程；静，就是以毛泽东诗词为主要内容的“大阅读”课程。

在河南乃至全国，校园球类运动和经典书籍阅读活动基本在每个学校都会开展，那么，如何把普遍活动做“精致”？这就是我们这所教学资源并不占优势的乡村学校需要努力的方向。把校园常规活动做新做深，为学生拥有智慧而幸福的未来奠基成为学校发展的关键。

## 二、动起来，让球类运动潜移默化走进学生课上课下

在“动静结合”的育人思想指导下，我们学校依托 “河南绿茵足球俱乐部训练基地”，积极开展以球类运动为主的各类体育活动。

### （一）加大投入，进行体育设施建设

为了更好地配合学校球类运动的需要，学校下大力气加强基础设施和校园文化建设，学校建有小学部、中学部两个运动场，足球场、篮球场、排球场等一应俱全，篮球、足球配备做到每生一个，各类健身设施一流，充分满足学生文体活动的需求。聘请专业足球教练指导训练，使得学校篮球、足球等校园阳光体育活动得以有效开展，使得“动静结合”教育思想得以有效实现。

### （二）保证时间，培养体育运动兴趣

把篮球、足球纳入体育课的必学内容，每周开设 4 节体育课，制订校园篮球、足球教学规划和学期计划，向学生传授篮球、足球运动的基本知识和技能，做到学生人人参与。每班都成立球队，每周安排班级对抗赛，每月有年级评优赛。

### （三）拓宽渠道，提升体育教学水平

随着现代化多媒体教学逐渐渗透到各学科，多媒体也进到体育教学的课堂。特别在室内课、理论课上，教师可将奥运知识、残奥会、冬运会等体育

信息知识及时传播给学生。同时，有选择、有计划地组织学生观看国家、国际大型比赛，学校定期组织各种形式的校内比赛、积极参加校际联谊赛等，以赛促练。在周三晚上影视课中播放精彩足球、篮球比赛的实况录像，为学生讲解足球、篮球比赛的裁判知识，向他们介绍世界优秀运动员的情况，大大提升了学生对球类运动的兴趣。

**（四）阳光课间，打造阳光体育运动品牌**

学校依托篮球运动，提炼“规范、合作、拼搏、创新”的运动精神，认真贯彻落实每天一小时体育运动，积极开发校本课程，编创“童心律动篮球、足球操”，每天大课间时间，组织学生开展篮球操、足球操，课外活动时间进行篮球、足球训练和比赛等。**坚持校本实施，推进阳光大课间的课程化、制度化、品牌化。**

学校阳光大课间活动代表辉县市接受省专项督导组检查，受到高度好评。一个乡村学校以篮球、足球为主要内容的特色大课间，成了带动全市，辐射豫北，享誉全省的品牌活动。2019 年被河南省教育厅评为河南省第三届中小学“最美大课间”展评一等奖。

**（五）开展活动，拓展教育教学活动载体**

**学校不仅把球类运动当作一项体育活动，更把它当作一项育人工程。学校以球类运动为抓手，以球促德、以球益智、以球会友、以球健体，实现了课程的育人功能。**

学校让学生在参与体育运动中感悟体会竞争、合作、戒骄戒躁等意识，并正向迁移到生活和学习中去。学校还积极筹备编写《小球大智慧》校本教材，使足球运动校本化、课程化，不仅把足球运动作为一项体育活动，更把它作为一项育人工程，对学生进行德育、智育、美育等。

## 三、静下来，把读书、学习、思考融入师生成长全过程

**苏联教育家苏霍姆林斯基说，一个学校可以什么都没有，只要有了让师生精神成长的书，那就是学校。一个人的精神饥饿感是在中小学形成的，只要正确引导很容易养成习惯。**特别是对乡村学校的学生来说，缺乏良好的社

区和家庭学习氛围，阅读习惯差，视野和知识面有限，如何找到一个切入点，寻找学生精神世界的打开方式就显得极为迫切。

**（一）营造读书氛围，搭建读书平台**

为开展读书活动，学校高标准配置了6个学生阅览室、1个教师阅览室、2个图书室。学校每学期从每生经费中预留购书专款，由学校统一组织购买，图书室现有图书7万余册。学生人均拥有图书23本以上。目前，各方面的书籍应有尽有，基本满足学生的阅读需要。

为适应新时代阅读要求，学校还购置了电子书阅览器，搭建了师生读书的平台，开展电子阅览，上网读书查阅资料，大大丰富了校内课程资源。同时学校发动了“捐一本看百本”捐书活动，建立班级图书角，可存可取，成立“图书银行”。

学校让每一面墙壁“说话”：每个教室外的墙壁上都有供本年级学生阅读的推荐书目、经典名著简介等。班班还建有“图书柜”，学校每年为师生订报纸杂志上百种。学校被评为“全国中小学图书馆建设先进集体”。

**（二）制订规划，进行读书指导**

学校确立了“大阅读、大视野”的读书观，每周安排4节阅读课，为了避免学生阅读的盲目性，我们将学生的阅读按年级进行全方位规划，由语文教研组全体老师编排，将学校现有的图书，特别是适宜学生阅读的图书结合教材进行整理归类，按小学6年12个学期、初中3年6学期阅读的要求，让学生在教师的陪伴下有计划、有步骤地阅读学习，小学每天1节阅读课、初中每周4节阅读课。

语文教师积极开展导读服务工作，根据不同年级特点向学生重点推荐10部优秀图书。开发出影评课、十分钟美文欣赏课、名著导读课等10多种阅读课型，让学生在愉悦轻松的环境中强化说写训练。

**为了让学生读到好书，促进读书交流，学校还印制了“好书推荐卡”，师生每人每周推荐一本好书，并说出推荐理由。教导处定期汇集成册，向全校推荐。**学校还举行“书香班级”和“读书之星”评比活动，以班级人均在图书室借阅图书数量和提交征文数目多少为依据，评出“书香班级”；学生在图书室借阅图书数量和读书笔记数量前 10 名的读者为“读书之星”。

**（三）诵读经典，毛泽东诗词展示**

要求学生坚持每天诵读毛泽东诗词，把毛泽东诗词诵读作为大阅读教学的重要内容，作为提高学生道德情操、养成文明习惯的重要工程。坚持开展毛泽东诗词背诵比赛、毛泽东诗词书法比赛、“我与毛泽东诗词”主题征文等活动。

我校每年 5 月举行的“毛泽东诗词诵读暨经典诵读成果展示”是学校的传统活动，**其目的不仅仅是让学生记住名篇佳作、领略伟人胸怀、培养责任担当意识，更重要的是寻根，寻民族精神之根，寻现代文明之根。**这是我校加强党的建设，培育和践行社会主义核心价值观，对全体师生进行党的“红色教育”的重要之举。

**（四）开展活动，丰富读书内涵**

学校定期开展读书笔记展评、名著经典作品互问互猜、作文竞赛、故事演讲赛、阅读沙龙、十分钟论坛等丰富多彩的读书活动。学校成立竹林文学社，创办《新竹》校报，各年级创办读写小报：六年级《读写报》、七年级《新芽》、八年级《芳草青青》、九年级《破茧成蝶》，**以写促读，展示读书效果。**组织童话大王作文评选，让学生在体验中享受读书和创作的快乐。

开展“观电影 · 评经典”活动。各年级根据必读经典书目，精选经典电影在周三影视课上进行展演，并在班级组织现场评析。**将观影与读书相结合，激发读者的读书兴趣，引导更多的学生走近经典、品读经典。**

学校动静结合的发展思路使学校的底蕴更深厚，文化品位的提升使学校的教育更精彩。神韵飞扬的校园球类运动，书香四溢的读书活动和课程建设，让每一位学生在积极向上的球类运动、读书氛围中，养成“动静结合”的健康人格，形成良好的行为习惯，以促进学生体质和综合素质的提高。

**王永明** 新乡市红旗区和平路小学校长

新乡市红旗区和平路小学校长，中小学高级教师，特级教师，河南省中小学名校长，河南省优秀教育管理人才，河南省先进工作者。他心怀“让每一个孩子成为更好的自己”的教育梦想，打造出“双主互愉 多元育人”的办学特色。

# “三和”教育，促进学生快乐成长

每一个孩子都是独特、精彩的个体，聚在一起，是如此温暖、灿烂而和谐。让每个孩子成为更好的自己——这就是和平路小学“三和”教育的目标。“和爱、和融、和乐”，从而让师生“双主互愉 多元成长”，这是学校一贯的坚持与梦想。

和平路小学位于新乡市红旗区，毗邻人民公园。始建于1927年，学校以“五育（德育、智育、体育、美育、劳动教育）”为载体，整体思考、系统设计、精准实施，让学生在经历、体验、感悟中收获和成长，培养未来高素质的社会公民。

## 一、“悦”读童年，养成最美丽的举止

“最是书香能致远”，和平路小学历时五年，开展丰富多彩的群文阅读活动，提高学生的阅读量，培养学生独立阅读的能力。形成了“单元整合”和“1+X”的课堂教学模式，课堂增加了课外阅读篇目，为学生打通了课内外阅读的通道。

### （一）“杜老师读书会”

“杜老师读书会”是以杜老师为发起人，其他年级组老师为参与者的校级读书团队，每期开展不同主题的群文阅读活动。由杜老师及团队教师根据教材特点，精心选取孩子们喜闻乐见的主题，筛选文本，策划活动形式，确定活动地点。主讲教师及学生围绕主题，采用讲故事、读诗歌、谈体会等形式交流分享，每期也会邀请家长给孩子们讲阅读感悟。

### （二）“聊牧野”系列活动

这是我校五年级开展的年度阅读活动，在语文“特产”单元结束后，孩子们进行了一场“舌尖上的牧野”阅读分享。各班阅读小组翻阅书籍、查找网络，在课堂上交流汇报阅读成果，最后评比产生“牧野美食推荐大使”。孩子们在“聊牧野”阅读活动中，兴致盎然地搜集资料，津津有味地阅读文本，神采飞扬地侃侃而谈，感受牧野文化。

### （三）构建“时时、处处、人人”的读书网络，助推阅读自然发生

在群文阅读活动的引领下，各班以“班级读书会”为主要形式辐射展开阅读活动。低年级以识字、童话为切入点，开展了故事大王比赛、诗歌诵读赛等主题阅读活动；中年级以主题小报、摘录笔记为切入点，在阅读过程中形成了以“海底世界”“美丽的四季”“英雄”等为主题的阅读小报，开展了“我的读书故事”分享活动；高年级以名著、古诗文为切入点，根据学校国学经典分层阅读规划，开展国学经典整本书阅读活动，每学年进行检测和展示。

近年来，学校先后被评为“河南省书香校园”“河南省群文阅读实验校”。阅读，让学生享受心灵的宁静与润泽。阅读，让和平路小学师生呈现最美好的举止。

## 二、“打怪”之旅，植入最光荣的情感

习近平总书记这样说：“人世间的美好梦想，只有通过诚实劳动才能实现；发展中的各种难题，只有通过诚实劳动才能破解。”劳动教育是“五育”的基础和土壤，在学校，我们设计有获得感的劳动教育活动，发起寻找身边

最美劳动者活动。开启家务劳动的“升级打怪”之旅，让孩子和父母一起完成劳动清单、分享劳动心得，让劳动教育真正“活起来”“动起来”。

（一）升级护甲——制订劳动清单

学校结合孩子们班务劳动中出现的问题，设计调查问卷，了解他们在家务劳动方面的情况，并从整理书包、衣物，拖地，擦桌子等简单家务劳动入手，制定了16项家务劳动清单。孩子们对照清单进行21天劳动打卡，记录劳动感受和劳动情况，并在中队会上分享劳动心得，总结劳动感悟。

（二）收集能量块——学习榜样模范

红色能量块：在中队会上播放习近平爷爷参加劳动的视频，从在陕北农村插队到从政之后，经常走进群众种树、打糍粑、炸酥肉等。

黄色能量块：各小队交流劳动先锋模范史来贺、焦裕禄的事迹。

蓝色能量块：孩子们聚焦身边的最美劳动者，列举出辛勤授课的老师、每天值岗的门卫伯伯、打扫楼道的清洁工阿姨、中队的劳动委员，等等。

（三）升级武器——发射劳动能量光波

孩子们掌握劳动技巧打败了“马桶精”，巧用劳动工具战胜了“玻璃兽”，还有的通过“大懒虫”带动“小懒虫”，和弟弟妹妹成立“劳动互助组合”，战胜了“家务怪”。之后，孩子们升级组合装备，“班级卫生镭射眼”“校园环境探照灯”“社会环境迫击炮”“公益活动冲锋枪”，等等，大家通过自己的劳动创造更整洁的校园、更舒适的生活。

通过让学生动手实践、出力出汗，接受锻炼，培养他们正确的劳动价值观和良好的劳动品质。“劳动最光荣”，劳动就是和平路小学师生最美的奋斗姿态！

## 三、功夫少年，“武”出最健美的体魄

武术文化，是世界人民了解中国文化的一个窗口。我们发挥教师专长，创编武术健身操，让孩子们在传统武术文化熏陶下舒活筋骨、健美体魄。

我校体育教师三名有武术特长，另外七名均接受过专业的武术培训。其中王老师，是全国武术冠军，武术套路、散打国家级裁判。大家群策群力，

结合武术搏击操和地方拳种，自创“武术健身操”，认真开展“每天锻炼一小时”阳光课间活动。

**“武术健身操”从趣味武术开始，在所有学生当中普及武术段位制训练，以及有地方特色和传统的太极拳、形意拳、少林拳等。**这种不拘一格，大胆求异的方法，使学校的武术大课间在一般武术操的基础上开拓创新，提高了学生参与练习的积极性。

**德智体美劳全面发展是教育的理想。理想的体育教育就应该是这样适切、真实、健康、享受。**

## 四、润德养正，涵养最高尚的情怀

**习近平总书记讲话指出，“一种价值观要真正发挥作用，必须融入社会生活，让人们在实践中感知它、领悟它。要注意把我们所提倡的与人们日常生活紧密联系起来，在落细、落小、落实上下功夫。”**我们构建生活化、主题化的德育教育体系，让孩子们在活动中润德养正。

### （一）生活即教育

学校根据区教体文旅局的要求，制定了文明学分考核细则，从仪容仪表、文明交通、日常学习、放学路队、红领巾佩戴等方面，通过值周老师、值周学生进行量化考核，每周评选“文明班级”，一学年结束评出校级文明班级。每个学生的文明学分，期末填写在学生的综合素质报告册上，将文明学分考核纳入学生的期末评价，督促学生养成文明习惯。

2019 年 9 月，为庆祝中华人民共和国 70 华诞，增强学生的民族自豪感和爱国热情，丰富学生的校园文化生活，我们学校开展了“用童心致敬祖国”系列活动。从为期两周的“我用歌声颂祖国”歌咏比赛，到全校师生操场齐唱《今天是你的生日》，到“我和国旗同框”活动，掀起了全校师生的爱国热情。除了活动的集中呈现，我们还注重对这一活动进行拓展：观看《开学第一课》节目，组织学生开展手抄报、黑板报评比活动，开展“爱我中华”与“我和我的祖国”征文活动。

**我们让主题系列活动形成一个多元的课程体系，以丰富的教育载体，增**

**强学生的体验感悟，更好地传递民族自豪感，提升爱国主义教育的实效性。**

**（二）社会即教材**

这学期，我们经历了新冠肺炎疫情，参与了一场没有硝烟的全民抗“疫”战。这场战“疫”，是历史给我们上的一堂大课，更是给我们教育人出的一份考卷。**“开学第一课”，我们力争将其上成一堂疫情防控科普课，一堂在“逆行”中的成长励志课，一堂感受大爱、净化心灵的思政课。**

2020 年 4 月 26 日，孩子们告别了这个特殊而又漫长的寒假，回到阔别已久的校园，“开学第一课”系列活动拉开了帷幕。活动安排时间为一天，共分五个板块：升旗仪式（含校长致辞）、专题视频、学习演练、主题班会、总结收获。

上午 8 时 30 分升旗仪式开始。和平路小学国旗班的孩子们喊着响亮的口号，踏着整齐有力的步伐走来。庄严的国歌声响彻校园，鲜艳的五星红旗在明媚的阳光下徐徐上升、迎风招展。无论是在操场还是在教室，全体师生脸上都洋溢着庄严、崇敬和由衷的自豪。

接下来，各班通过专题视频、实地操练、相互交流和书画作品展示等多种形式聚焦“普及防疫知识、弘扬抗疫精神”这一主题。所有的抗“疫”故事汇聚成一种摧枯拉朽的“抗疫精神”：勇于担当、无所畏惧、众志成城、所向披靡。在这一精神的感召下，孩子们对祖国、对人性、对生命、对亲情都有了新的认识和定义。**中国精神和中国担当一次次冲击着孩子们的心灵，点燃了他们的爱国情、报国志，增强了学习动力和责任担当，促使他们完成了在战“疫”中的成长与蜕变。**

小学不小，未来很长。和平路小学立足当前教育现实，面向未来社会发展，把 3500 多名孩子放在学校中央，让每一个孩子在和暖的阳光下，不断成长，成长为更好的自己！我们相信，孩子们现在经历的，将来，都会成为美好的记忆！

**王献甫** 河南省实验小学校长

河南省实验小学校长，特级教师，河南省教育厅学术技术带头人，河南省教育系统优秀管理人才，河南省教育学会第七届理事会副会长，积极发挥名校社会责任，开展协作共建和教育精准扶贫，为全省树立了典范。

# 协同共建促发展，守望相助育新人

河南省实验小学在省教育厅的正确领导下，扎根中原大地办教育，紧跟时代步伐育新人，彰显社会责任担当，发挥示范和引领作用，积极开展协同共建及教育精准扶贫活动，受到了社会的广泛赞誉。

**一花独放不是春，百花齐放春满园。近年来，我校秉持“各美其美，协同发展”的战略思想，积极发挥自身优质名校的辐射带动作用，把协作共建活动与精准扶贫工作有机融合，与宁夏西吉县第一小学、南阳镇平县黑虎庙小学、信阳新县列宁小学等结成“协同发展共建单位”**，凝心聚力，同频共振，守望相助，持续互动，建立协同共建长效机制，加强交流互访，实现资源互补，在教育教学实践中提升各自的管理水平和教学质量，资源共享、课程共享、管理理念共享、师生发展成果共享，以多种形式开展丰富多彩、卓有成效的共建活动，形成美美与共的良好局面。

## 一、党建引领凝心聚力，提升共建工作水平

坚持用党建引领学校协同发展，帮助共建单位加强党建工作，完善党建

和业务共建双促进机制。发挥党组织的战斗堡垒作用，号召广大党员教师发挥先锋模范作用，积极投身到协同共建工作之中。

一是共建“党建工作室”。我校积极发挥“河南省中小学党建示范校”的引领示范作用，在“三会一课”“主题党日”“微党课”“党员量化评价”等方面帮助黑虎庙小学完善党建工作，与黑虎庙小学共商、共建“党建工作室”，使黑虎庙小学党建工作再上新台阶。

二是发挥党员先锋模范作用。在共建活动中，我校选派多名优秀党员志愿者认真准备、积极作为，前往帮扶的共建学校，送上精彩的特色课程，使学生们增长了知识，开阔了视野，陶冶了情操；在师徒结对帮扶中，党员教师率先垂范，立足课堂树立标杆。

## 二、互访交流同心同向，共建双方共同提高

在协同共建活动中，我们加强了校际的交流互动，双方互派管理团队和优秀教师驻校跟岗，形成了相互学习、共谋学校发展的良好氛围。

一是加强访问交流，共谋学校发展。2019 年 3 月，我带队到黑虎庙小学实地调研，了解彼此的需求，确立了双方的协作共建关系；2019 年 4 月，在第 16 届河南教育名片发布仪式暨“新时代小学教育”观摩研讨会上，黑虎庙小学校长张玉滚来到我校，两校正式结为“协同发展共建单位”；2020 年 1 月，在我省教育厅副厅长毛杰的带领下，我和省厅直属的实验学校领导一起前往革命老区新县学习调研，并确定我校与列宁小学结成对口帮扶学校，共商城乡教育统筹、协调、均衡发展；2020 年 3 月底，我校组织开展新冠疫情防控演练，新县教育同仁到我校观摩开学演练活动，相互交流疫情防控和返校复学工作。

二是加强网络互动，分享管理经验。在抗击疫情的斗争中，我们克服时空障碍，创新地运用“互联网 + 教育”的云平台开展协作共建活动。2020 年 4 月 19 日，在备战复学大考的关键时刻，我们与黑虎庙小学开展以“同频共振 守望相助 共迎大考”为主题的网络座谈会活动，回顾共建的历程，总结宝贵经验，部署下一阶段共建工作，在协作共建中同心抗疫，《德育报》《教

育时报》等媒体给予专题报道；2020年5月20日，我校与宁夏西吉县第一小学以网络视频会议的形式，召开了以“同饮黄河水，共育追梦人”为主题的协同共建云上签约暨捐赠仪式。宁夏回族自治区教育厅副厅长张治荣、河南省教育厅副厅长毛杰出席签约仪式并讲话；我还经常与共建单位的张玉滚、方一柱、范维明校长，通过微信和电话交流学校工作，相互分享停课不停学、开学第一课和迎接复学模拟演练等工作，在同心战疫中共育新人。

## 三、教育教学同频共振，引领教师卓越发展

在相互交流中提升教师专业素质、培养教学骨干是帮扶共建单位快速提高办学水平的重要措施，我校通过“靶向发力”“精准施策”，扎实做好观摩交流、送教送课、云上教研等各项结对帮扶活动，鼓励双方教师在相互学习中同频共振，引领教师卓越发展。

一是学习时代楷模，成就出彩人生。我校开展“学习时代楷模，成就出彩人生”系列师德主题教育。在与黑虎庙小学的共建活动中，我校教师团队与时代楷模张玉滚校长密切交流，在玉滚校长身上学习到坚守和奉献，学习到教育人的使命和担当，进一步增强教书育人的荣誉感和责任感。

二是开展送课交流，促进业务提升。为了促进共建单位教师的教学水平和业务能力提升，我校组织各学科名师、优秀教师和骨干教师到共建单位送教活动，为帮扶学校送去了教育教学新理念、新思路、新方法，双方教师们在上课、说课、评课中交流互动，结合各自教学实际，用同课异构的方式深入研讨，取得良好的效果。

三是共同开展培训，跟岗学习研修。我校每年暑假都会邀请知名教育专家、一线名师举办教师集中学习培训，同时我校还承担着河南省国培、特岗教师的培训任务。为了提高共建单位教师的专业能力，做到资源的共享，在培训活动中，主动邀请共建学校的教师一起参加我校举办的研修培训活动，共同聆听专家讲座，充分交流，跟岗研修，收获颇丰。

## 四、持续互动，激励学生携手共逐中国梦

与黑虎庙小学少先队员开展手拉手共建活动，建立“小手拉小手”制度，让学生间增进友谊，相互促进学习，共同提高进步，形成了“学先锋，做先锋”的浓厚氛围。

一是小手拉小手，学习先锋精神。2019 年 11 月，我校的小队员们前往黑虎庙小学，双方学生一起劳动，一起实践，面对面向时代楷模张玉滚学习，开展手拉手共建活动。随后黑虎庙小学六年级学生到我校交流访问，孩子们在郑州的小伙伴家里同吃同住，一起学习，家长带孩子们参观了河南博物院、郑州科学技术馆等。2020 年 2 月，在疫情严峻的时刻，我校学生与黑虎庙小学的小伙伴开展“隔屏击掌，小伙伴相约春暖花开”系列网上交流活动，把灾难当教材，与祖国共成长，共同致敬英雄，感恩社会，积极作为。

二是厚植红色精神，中国梦讲给少年听。我校协作共建的新县列宁小学和宁夏西吉县一小，是弘扬长征精神、大别山精神，传承红色文化的革命教育基地。我校把协作共建作为师生红色教育的主战场，让革命教育、红色精神在每个师生心中生根发芽、开花结果。在这个特殊的毕业季，我校把《中国梦，讲给少年听》作为礼物同时送给了 3 所共建学校的毕业生，书中讲述了中国梦这个辉煌的主题，希望孩子们能在书中获得启迪，从小立下爱党报国志，长大争做经天纬地人。

## 五、守望相助，精准助力教育脱贫攻坚

西吉县是宁夏最后一个尚未脱贫摘帽的贫困县，2020 年 5 月，我校与宁夏西吉县第一小学确立了协同共建关系。帮助协同共建学校快速提升办学水平，是打赢脱贫攻坚战的重要任务，也是我们协同共建的初心和使命。共建双方利用网络在云上开展座谈研讨，面对面交流，细化帮扶措施，建立健全帮扶机制，在教育精准扶贫上形成强大合力。

一是捐赠教学信息化设备。我校协同社会爱心企业为西吉县一小帮扶信息化教学一体机 16 台，价值 48 万元，有效缓解了西吉县一小信息化教学基

础设施不足的燃眉之急。这些设备运用于课堂教学后，赢得了老师们的青睐，深受孩子们的喜爱，春风化雨般滋润着课堂教学，成为西吉一小信息化教学一道亮丽的风景线，也为助力西吉县打赢教育脱贫攻坚战增添了浓墨重彩的一笔。

二是云上教学资源共享。**我校与共建单位充分利用信息化手段，积极进行云上教研，分享教学资源，开展线上送教、送课，提高双方学校的教育教学质量。**我校老师们参与录制了528节“名校同步课堂”优质课程资源，在解决我校学生居家学习的同时，共享给黑虎庙小学、新县列宁小学、宁夏西吉县一小同步使用，让更多学校、更多学生享受到高质量的优质教育资源。

三是援助疫情防控物资。在疫情严峻的时刻，为了帮助共建单位做好疫情防控工作，我校在加强自身防控工作的同时，向黑虎庙小学、新县列宁小学、宁夏西吉县一小捐赠了一万多个医用成人口罩、儿童口罩及手持式红外测温仪等防控物资，帮助他们解决复学大考中的实际困难，做到同频共振，守望相助，一起携手在防疫大战和复学“大考”中交出优异答卷。

在未来的工作中，我们将与协同共建的单位携手同心，继续发挥各自优势，**形成“各美其美，美美与共”的协同发展格局，助力脱贫攻坚和教育事业再上新台阶，从而推动协同共建单位的共同提高和进步，为跨区域教育精准扶贫树典范、立标杆。**

**张松涛** 巩义市实验小学校长

巩义市实验小学校长，中小学高级教师，河南省特级教师，河南省中小学名校长，河南省教育厅优秀教育管理人才。担任校长17年来，始终把打造“生态教育”作为学校发展的不懈追求。

# 浸润书香人生　构建学习校园

巩义市实验小学是巩义市建校最早的一所市直学校。多年来，我们一直致力于书香校园的建设，**紧握“阅读”和“写作”两大抓手，抓住“输入”与“输出”两个关键**，让校园内的阅读像呼吸一样自然，让写作像花香一般弥漫，让学习的动力像原野的青草一样生生不息，师生浸润在书香墨韵之中，携手构建学习型校园。

## 一、阅读活动成系列

我校着力打造“书香校园”，把“为学生播下阅读的种子，扣好人生第一粒扣子”作为重要目标，力求营造一个书香弥漫的阅读氛围，让阅读成为师生引以为豪的学习生活习惯，为未来人生奠基。

### （一）营造一间书香弥漫的教室

**良好的环境能够起到“润物无声”的作用，教室应该成为一个适宜阅读的熏陶场、共同阅读的磁力场。**因此，我校充分利用教室的有限空间，努力打造有“书香味儿”的教室。

1. 小小的“图书流动站”

每个班专门开辟了一块“好书推荐墙”，学生人人制作“好书推荐卡”，把自己喜欢的好书定期推荐给大家，同时欣赏别人推荐卡上的好书，经过互相商议进行交换阅读。这面墙壁就是一个小小的“流动图书站”。

2. 自由的“诚信悦读吧”

“诚信悦读吧”是班里的图书角，这里的图书主要由学校配备、学生自愿贡献。为了利用有限的时间开展阅读，每个班级都采用图书角“无人管理”模式，每个人都是管理员，轻拿轻放，有借有还。这种类似“自选书店”一样的自由模式赋予了学生挑选书目的权利和舒心阅读的空间。

3. 永驻的“阅读之星栏”

班级每月推选出“阅读之星”，他们的阅读经验、读书感悟和照片将会张贴一个月，极大地调动了学生阅读的积极性，也养成了“榜样引领、你追我赶”的阅读之风。

**（二）扎实开展系列读书活动**

1. 家校共建“百日阅读打卡活动”

师生一起读书打卡，每天坚持阅读30分钟，积少成多，贵在坚持。老师鼓励学生晚上在家固定时间阅读，把照片发至班级微信群，一些热衷读书的家长还主动把照片发到微信圈，借助朋友圈的点赞和点评鼓励孩子坚持阅读打卡，老师们也经常加入评论的行列，为孩子们阅读加油鼓劲。学期结束，每个班级根据学生阅读量、阅读记录卡、摘抄本等综合表现评选出“校级阅读之星”；根据家庭藏书照片及亲子共读投稿评选出“书香家庭”；依据班级图书管理、读书氛围、各项读书活动的参与度综合评定“书香班级”。目前，不少学生已坚持阅读300多天。**坚持一周、一个月很容易，但坚持一年却不易，学生经历从量变到质变的过程，阅读习惯自然养成，阅读能力逐步提升。**

2. 常开常新的“班级读书交流会”

每隔两周班级内会举行一次读书交流会，这是我校学生最喜爱的活动。每个读书交流会都有不同的主题，语文老师把需要学生发表见解的具有思考价值的问题提前“泄露”出来，让学生充分准备。“声临其境”就是学生极其喜欢的一种读书交流形式，老师把书中最经典的对话拎出来展示在课件上，小组选自己喜欢的方式朗读，读完之后还可以向其他小组发起挑战，整个阅读过程有声有色、有滋有味。“10 秒翻书”活动更让学生“上瘾”，老师点出几个容易忽略的细节，学生快速找答案，翻书时的匆忙紧张、内心的百转千回、找到后的欢呼雀跃、没找到的唉声叹气，让学生对书爱恨交织、欲罢不能。内容丰富、形式多样的读书交流会活动让学生扩展了知识内容、掌握了多种阅读方法、提高了阅读速度、促进了思维的提升，还能够提出问题引发思考，常常会有“令人耳目一新”的理解和入木三分的见地，知道了真善美、假恶丑，在阅读中体验着人生的丰富和真谛，从而读起书来更热情、更深入、更细致、更有味儿，形成了良性循环。

3. 加强对课外阅读的指导

有计划地组织学生到学校阅览室读书，鼓励学生周末到市图书馆、新华书店看书，充分利用各种图书资源，打开阅读视野，扩大阅读面。定期推荐优秀课外阅读书目，用阅读代替说教。假期列出各年级阅读书目清单，包括必读、选读和亲子共读，让阅读的时空向家庭和社会延展。

### （三）阅读引领教师自觉成长

**一个人的阅读史就是他的精神成长史，缺乏心灵滋养的教师，不可能与学生的生命进行深层的互动，教师阅读对学生耳濡目染的作用是巨大的。**我校的教师发展目标“爱阅读、有思想、会研究、勇担当”中，阅读占据首位，着力引领教师通过阅读开阔视野，扩充知识储备，提升人文和学科素养，以阅读引领教师自觉成长。

1. 开展教师“燃梦悦读”

为了让老师们能够与书中有趣的灵魂碰撞，回到自然本真的阅读中去，在书的滋养下不断提升自我，在原有的“百日阅读”的基础上开展教师“燃梦悦读”打卡活动，意为“点燃阅读的火苗，实现读 100 本书的梦想”。学校领导班子带头参与，其他教师分为语、数、英、综合四个大组，每天在组内进行读书打卡活动，每个班主任在班里同步开展，学生和家长也积极参与其中，以教师读书带动学生、家长读书，掀起了一股读书的热潮。

2. 定期举行“清源读书会”

用激情点燃激情，用改变引领改变，用思考引发思考。为了给老师们提供“集体阅读、分享交流”的平台，学校组织愿意自觉读书交流的老师成立了“清源读书会”，每周四下午5点，带着自己一周的阅读与思考相约读书会，进行情感的交流和思维的碰撞。读书会上大家轮流朗读书籍中的篇章，黑白的文字在不同音色的朗读中变得更有色彩、更具温度、更富情感。阅读就以这样一种春风化雨的状态进入内心、进入头脑、进入每一位参与者的生活。渐渐的，参加“清源读书会”的老师越来越多，每一期都是人满为患，**阅读成为教师专业成长的出发点、生长点、提升点。**

3. 利用假期提升学科素养

寒暑假是教师学习充电的好时光，每个假期学校都会开展“轻嗅书香 助推成长”读书活动，除了延续“燃梦阅读”，更重要的是引领教师阅读专业书籍，如“‘新基础教育’系列丛书”、教育期刊、课程标准等，记录读书笔记，提升学科素养。

## 二、文学写作促提升

**阅读是通过联合化的知识转化方式，将他人的智慧成果纳入自己的显性知识系统，再内化为自己的隐性知识；写作则是通过知识的外在转化方式，将内化的隐性知识转化为书面能力。**如果没有写作，知识就只能存在于隐性系统而没有出口，阅读便没有了实质意义。阅读是写作的源泉，写作是阅读的升华。

### （一）“星苑文学社”搭建广阔写作平台

我校于2011年11月成立了“星苑文学社”，吸收热爱阅读写作的师生共同加入，并以此为平台践行“在读书中学习写作，在笔耕中收获快乐”的思想，致力于培养文学爱好者。文学社多次邀请杂志编辑和著名儿童文学作家曹文轩、沈石溪等到校进行文学讲座。定期组织师生参加全国中小学生征文大赛，指导学生积极创作、踊跃投稿，许多学生脱颖而出斩获各种奖项，并获得不同数额的奖金，多名教师获得辅导奖。

### （二）《星苑报》推送优秀写作成果

《星苑报》是由“星苑文学社”牵头主办的校刊，每两个月确定一个写作主题，文学社成员在语文老师的指导下积极撰稿，由文学社负责人和语文老师精心修改，分期发表在《星苑报》上，并择优推荐参加各种作文大赛。这一文学活动在激发师生的写作兴趣、丰富校刊稿源、向外荐稿发表等方面发挥了重要作用，培养出了一批又一批写作高手。

### （三）“星苑园地”营造浓厚写作氛围

阅读与写作是学校的特色，我们鼓励学生订阅多种文学刊物，以这些刊物为依托让孩子亲近阅读、感受母语、享受文学、爱上写作。同时营造浓厚的文学氛围，将北院的两个橱窗设计为“星苑园地”，定期更换师生的文学作品、活动及获奖照片，南院的四层走廊全部悬挂关于读书的名人名言。整个校园清新亮丽，充满了浓浓的文学气息。

## 三、书香四溢花满园

### （一）阅读力量逐步彰显

**当阅读成了习惯，当阅读文化在校园处处弥漫，阅读的力量便得以彰显。**学生在读书实践活动中大展身手、尽显风采。2018 年，我校学生张陆野在巩义市演讲比赛中获一等奖；崔亦荷、郭梓彤等多名学生在巩义市首届诗词大赛中荣获一等奖。2019 年我校三（1）班获得“省级书香班级”的光荣称号。阅读的春风，吹绿了实小校园。

### （二）写作成果日趋丰厚

截至 2020 年 6 月，我校已编辑《星苑报》校刊 14 期；在国家级、省级报刊上发表作品 110 篇；《少年文艺》持续刊登我校学生的优秀习作和阅读心得体会；连续 8 年参加“韬奋杯”“兴中杯”“小荷杯”“板桥杯”“1+1”等全国小学生作文大赛，1450 多人次获奖；2016 年 5 月“星苑文学社”作品集《飞翔的逗号》付印；2018 年 6 月，师生优秀作品集《飞翔的童年》和文学社负责人戚宏轩老师的作文教学专著《作文，我有一些笨方法》如期出版。“星苑文学社”已经成为师生创作的乐园和学校的特色文化品牌。

### （三）学习型校园初步显现

在深入推进阅读和写作的过程中，教师的专业知识得以扩展，专业素养得以提升，思维品质、教学理念、行为方式得以转变，教学改革的热情被激发，课堂生态获得极大改善。学生们爱阅读、会阅读、善写作，视野逐渐开阔，学习力不断提升，从语文学科的学习辐射到多个学科的学习，成绩稳步提升。整个校园处处弥漫着读书的气氛，学习型校园的态势初步显现。

**刘　梅** 周口市文昌幼儿园园长

正高级教师，周口市文昌幼儿园园长。中原名师、特级教师、河南省第四批名校长。

# 心有灯火　向阳而生
## ——名师引领教师队伍发展

“一个人遇到好老师是人生的幸运，一个学校拥有好老师是学校的光荣，一个民族源源不断涌现出一批又一批的好老师则是民族的希望”，“好老师”实质上就是名师，铁肩担道义，任重而道远，名师的生命意义就像“人民教育家”于漪老师一样，心中要有中国的灯火，永远向阳而生、向暖而行。

### 一、坚守心中的梦想——做有影响力的名师

生命如诗，或许只是一季花开的遇见，却在最不经意间散发出最璀璨的光芒，如果能够认清教师的真谛和学者的精神，并且能够身体力行之，那么“名师”的称谓就是你不期然而然的馈赠。

**（一）名师的力量首先是师德的力量**

“学为人师，行为世范”，从教以来，秉承坚定的教育理想和专业信念，以“高山仰止，景行行止”“虽不能至，心向往之”的宏大志向，扎根教学一线，注重专业精进。对教学改革执着追求、对教学模式大胆创新、对教材把握精准到位、对活动设计不囿成规、对青年教师惜才如金，高尚的师德和精湛的

专业素养传递无声的教育力量，如同一点星光，照耀着千万孩子成长的道路，也鼓舞着广大教师静心从教的征途，演绎出一名幼儿教师精彩的人生篇章。

### （二）名师要着眼于教育的明天

**教育要面向未来，名师要具备看得见未来的眼光。**从教育的本源出发，站位高远，在教育实践中不断思考所从事的教育事业的价值与意义。紧跟学科前沿，坚持学习与实践，通过螺旋式反思、分析、总结，塑造了自己独特的教学风格，教学思想逐步系统化、个性化、理论化、科学化，形成了“践行生活为本”的教育理念。撰写的论文《幼儿园初任教师的园本研修》在中文核心期刊《学前教育研究》发表，其余多篇论文也发表于不同的期刊。主持国家级课题“礼仪品格教育促进儿童养成教育的实践与研究”顺利结题，省级课题“促进幼儿园初任新教师专业成长园本研修的设计与实施研究”“园本课程之社会领域的开发、实施与评价研究”结题并获河南省优秀成果一等奖。组织的活动“美丽的家乡”获河南省优质课评比一等奖。

### （三）名师要成为专业的建设者、教师的代言人

随着幼教事业近年来的快速发展，一个人的生命有大小之分，小生命，在自己的身体内；大生命，在人群中、社会中。**一所学校的生命也有大小之分，小生命，在自己的学校内；大生命，在整个教育事业中。**作为周口市学前教育中心教研组组长，积极献言献策，参与谋划全市幼儿教育教研工作，大力支持各项活动开展；作为周口市“窗口”幼儿园园长，抓住一切机会，利用一切场合，为幼教呼吁，为教师发声；作为“中原名师刘梅幼儿教育工作室”的主持人，最大化利用、发挥平台的能量，助力更多的教师成为优秀教师、更多的园长成为优秀园长、更多的幼儿园成为人民满意的幼儿园，积极投身构建“各美其美，美美与共”的幼儿教育生态。

## 二、结伴而行，遇见更好的自己——名师的遴选与培养

### （一）成员遴选

为让更多的学前教育青年才俊通过团队合作和专项研究得到快速发展，工作室实行动态管理，每年都会海选吸纳新成员，组建新的工作室团队。工作室

成员一般由两部分人员组成：一是省市级教学名师和骨干教师，二是优秀青年骨干教师培养对象。经过个人申报、理论测试、现场答辩，选拔出若干名有潜质的优秀教师，构成融教学、科研、培训等职能于一体的研究合作团队。

**名师工作室的定位是群体合作的学习型组织和行为改善的实践共同体。**工作室成员选拔活动是促进教师自主专业成长的良好路径。新一代幼儿教师的成长为幼教发展提供了可持续人才支撑。

### （二）名师培养

努力造就师德高尚、业务精湛、结构合理、充满活力的高素质专业化中原教师队伍，从 2016 年起，“中原名师刘梅幼儿教育工作室”启动了河南省名师和骨干教师的培训工作。通过培训、考核与认定，努力打造德才兼备，素质过硬的省级骨干名师队伍；积极承担省、市名师、骨干教师的培训和指导工作，使工作室真正成为骨干教师成长的摇篮；着力开展教育教学课题研究，提高学员科研能力。多措并举让工作室真正成为名师培育基地，成为人才成长的试验田、前沿地、锻造间。

2017 年 11 月 21 日至 25 日，中原名师刘梅、符丽、弯丽君幼儿教育工作室联盟的成员和学员以及来自全省 11 个地市的 43 位省级名师与骨干教师培育对象，周口市 6 个市级名师工作室成员共计 120 多人齐聚幼儿园，进行集中研修。2018 年 10 月 13 日至 10 月 17 日，中原名师刘梅、符丽、弯丽君工作室在漯河市市直幼儿园举行省级名师、骨干教师培养对象集中研修活动。2019 年 12 月 26 日至 12 月 29 日，中原名师刘梅、弯丽君、符丽、李阿慧幼儿教育工作室联盟在河南省信阳市组织省级名师、骨干教师培育对象进行集中研训活动。高水平专家引领、名师现场说法、学员入园体验，多元化营养滋润与问题解决式培训，极富实效，学员收获满满。

## 三、灵魂碰撞，感恩相互的成就——名师引领教师队伍发展

### （一）工作开展

1. 读书交流会

为有效促进教师的专业成长，每年工作室都会举办教师读书交流会。《窗

边的小豆豆》《给教师的建议》《幼儿教师与家长沟通之道》等优秀书籍使老师们获得了精神的丰盈。

2019年6月21日，工作室举行了读书交流会，名师工作室的14名成员带着各自的徒弟共40多人参加了交流会，以重温《给教师的建议》一书展开了丰富多彩的读书交流活动。首先是大家交流各自的读书感悟；其次是朗读精彩片段；最后工作室的成员和各自的徒弟们敞开心扉，深入发表各自的感悟和收获。**阅读，就是教学工作的一种继续和深化，只不过这样的工作是转向自我、转向内心的。阅读，使大家无限接近真正的教育，使幼儿园奔向了内涵化、人文化的高品质发展之路。**

2. 研修活动

工作室经常开展专业培训、优质课展示交流等研修活动，给成员创造立体化的成长环境。如2019年12月20日，我带领着工作室的全体成员开展了“智慧分享 助力成长”教研活动：工作室成员牛锦华把幼教大咖虞永平教授的讲座精髓分享给大家；朱艳丽把薛文彪教授的培训内容分享给大家，通过分享活动，使成员获得进一步历练和成长。

3. 课题研究

工作室结合成员自身实际，着眼于教学实践中的问题，以课题研究为载体，用科学的态度和方法积极开展行动研究，形成知行合一的教师专业工作方式。工作室依托校地合作项目，邀请周口师范学院教育科学学院李紫阳老师来园指导教科研工作，通过如何选题、怎样开展课题研究、课题研究步骤等内容的讲解，为老师们顺利开展课题研究工作奠定了基础。2016年至2020年，工作室有5项省级课题立项并顺利结题，其中有2项课题荣获省优秀成果一等奖；有8项市级课题立项并顺利结题，其中有2项课题荣获市级一等奖。

4. 师徒结对

为充分发挥中原名师刘梅幼儿教育工作室的影响力和辐射作用，加大对青年教师的培养力度，工作室每年都会组织开展成员与青年教师师徒结对活动。师傅切实做好“传、帮、带”工作，全方位地帮助和促进徒弟们成长，结对双方树立“教学相长、互帮互学、共同发展”的意识，通过带教，师徒双方达到相互成就、互利双赢。

生命的遇见总是承载着使命，工作室成立至今，每一位成员都在这里获得滋养、增长智慧、学会蛰伏、悄然绽放，工作室亦不断成长着、壮大着……

### （二）取得成绩

工作室的成员们在名师引领下不断更新自己的教育理念，做到与孩子平等对话、互赏共享、互启共进，取得丰硕成果：

几年来，工作室成员参加省市级优质课评选活动和各种技能比赛，从众多教师中脱颖而出，取得优异成绩：孙秀英组织的社会活动“好喝的胡辣汤”、吕朝会组织的艺术活动“虎虎生威”分别获省优质课一等奖和二等奖；张丹组织的社会活动“书”等 20 人分别获市级教研室优质课一、二等奖；梅雪娟等 4 人获市级模拟教学比赛一等奖；何丹等 4 人获市级优秀游戏活动比赛一等奖；王艳娟、韩英、杨南方、杨小霞获市级优秀班主任称号；王君、蒋立清获省级名师称号等。

## 四、资源共享，携手同行共成长——名师影响与辐射

### （一）观摩展示引领

2018 年 5 月 10 日，来自全市幼儿园园长和骨干教师 350 余人参加了健康领域观摩活动；2019 年 4 月 18 日，近 400 人观摩了幼儿园大型户外循环运动游戏和两节活动“好玩的木偶”“好吃的红薯”；2019 年 4 月 29 日，6 个帮扶园所的近百名教师来园进行一两天的跟岗研修活动；2019 年 6 月 18 日，周口市 300 余名幼教工作者走进幼儿园，进行区域活动观摩。**多维的观摩角度，让老师们了解生活融入课程、课程回归生活的理念，影响和带动全域教师发展。**

### （二）送教下乡帮扶

工作室积极释放能量，采取送教下乡、结对帮扶的形式把优秀的课程送到姊妹园、社区园、乡镇园，用先进的教育理念引领；用丰富的教育经验分享；用独特的教育方法启发。2015 年 11 月至 2019 年 12 月，工作室成员先后到 18 所幼儿园开展了 32 次送教活动，赢得了参与幼儿园教师和家长的高度评价，为推进学前教育均衡化、特色化和内涵化发展服务，为提高区域学前教育质量贡献力量。

**李克兴** 新乡市新区小学校长

新乡市新区小学校长，汉族，1966 年 2 月出生，河南师范大学教育硕士，中学正高级教师，特级教师，河南省首批名校长，2014 年 8 月至今担任新乡市新区小学校长。

# 倾注“新”文化之魂的“新小”品牌

**“每一天都是新的”是新乡市新区小学的校训，也是学校校歌的歌名。**

“当太阳露出笑脸，欢乐又洒满校园，每一天都是新的，快扬起希望的帆……”孩子们迎着清晨的阳光，和着这悠扬而欢快的歌声，有序进入校园。于是，新的一天便开始了。

新乡市新区小学建校于 2005 年，以“创新力第一”为办学宗旨，努力办人民满意的教育，办富有特色的教育。2017 年，学校成功创建首届“全国文明校园”，并逐步形成了文明校园、创新教育和校园足球三大办学特色，赢得了广泛的社会赞誉，成为新乡市的窗口学校、标杆学校。

## 一、铸魂培根，孕育学校“新”文化

新区小学是由一所村办小学发展而来的，青年教师居多，文化底蕴相对薄弱。如何使这样一所学校快速实现质的飞跃？我们选择了文化强校之路，而想在一众以文化作为强校之路的学校中脱颖而出，就必须打破常规路数，于是我们选择了“新”作为突破口。

“一训三风”是学校文化的具体体现和首要体现。首先确定了“每一天都是新的”学校校训，并把它作为校歌的名称，我为校歌谱写歌词、制作校歌《每一天都是新的》MV，大力提倡师生在校园内外广泛传唱，这首歌迅速成为师生口中的流行曲，借师生之口传达了“新小”之声。在校训精神的指导下，集思广益，我们又商讨制定出了“进步每一天”的校风，“创新每一天”的教风，“快乐每一天”的学风。“一训三风”鲜明地彰显了创新教育的办学特色。我们还描绘出“让感恩成为习惯，让优秀成为常态，让创新成为特色”的办学愿景。

**学校紧紧围绕文明特色打造校园环境，建构了“两园、三馆、四场、五廊”的校园文化新格局。**“两园”是用一牌一石一雕塑支撑起的两个小花园——温善园和恩礼园，寓意为温和彰显友善、感恩涵养明礼；“三馆”是记录学校发展的校史馆，新乡英才纪念馆和学生作品展示馆；“四场”分别是牧野文化广场，文明主题广场，创新教育广场，足球文化广场。牧野文化广场以牧野大地的历史发展为主线，通过历史人物、历史事件、历史名胜、文化遗存、民间文化等内容，展示了几千年来牧野大地灿烂的文明和独有的神韵，成为学校文化的基石。文明主题广场、创新教育广场和足球文化广场充分展示了新区小学的三大特色办学成果。“五廊”指的是学校的五个楼梯通廊文化，分别为党建文化长廊、教育名家长廊、文字演变长廊、戏曲文化长廊和传统节日长廊。通过精心设计和布局，校园文化日臻完善，学校自然景观与人文景观实现了交汇互融，审美功能与育人功能更实现了和谐统一，获得了“河南最美校园”称号。

**“新”办学理念、校风校训，“新”校园环境都为学校提升自身影响力奠定了良好基础。**

## 二、名师荟萃，助力教育新突破

学校发展，教师为本。优秀的名师团队是推动名校发展的有力支撑，同样是提升学校影响力的重要因素之一。我校现有中原名师 1 人，河南省特级教师 2 人，省教育教学专家 3 人，省名师 11 人，省骨干教师 18 人，市级名师、骨干教师40余人。名师团队秉承“创新力第一”的理念，以中原名师“李国胜名师工作室”为依托，以自己的专业知识和教育教学能力，辐射影响着全校的师生。

**这是一群对教学的痴迷者，在他们眼中，教育是最美的，教学是有生命的。他们时刻与学生对话，时刻与教材对话，时刻与时代对话。**在他们的研究和引领下，新区小学的“创新教育”特色逐步呈现，创新的理念、创新的思路、创新的做法、创新的成果不断涌现。学校构建“学为中心”的课堂，形成了“顺验而研、顺思而研、顺联而研”的创新教学三部曲，并以此引领创新教育活动取得显著成绩。

每月一讲的“创新教育论坛”华山论剑，每学期一比的“创新优质课”异彩纷呈，每年一表彰的“最具创新力教师”星光灿烂，学校获得了“新乡市创新型学校”的美誉，被授予“河南省教师发展学校”称号。

耀眼的名师团队、独具一格的教学理念为学校的教学文化注入了创新的因子，在引领教师走上持续创新之途的同时，这些具有我校特色的活动也为其他学校提供了借鉴，使得学校蜚声行业内外。

## 三、德育为先，构建育人新模式

作为社会主义核心价值观教育省试点学校、社会主义核心价值观读本市试点学校，新区小学寓教育于各项活动中，逐步形成了“德育入心，成德于行”的工作风格，打造了具有新小特色的“四七”模式。

为让社会主义核心价值观在学校落地生根，学校制定了“认认真真读书、规规矩矩写字、踏踏实实做事、堂堂正正做人”的二十四字行为准则，成为落实立德树人根本任务的行动指南。

学校还根据《中国学生发展核心素养》的总体要求，制定出《新小学生九大核心素养》：有爱国情怀、能明辨是非、懂合作感恩、展个性特长、会独立思考、敢质疑探索、有学习兴趣、养良好习惯、具创新能力。使国家意志校本化、育人目标个性化。

**养成教育是德育之基、文明之本。**学校编制了针对每个年级、每个年龄段孩子的《新区小学学生好习惯养成要点一览表》。学校制定出每周、每月、每期、每年学生应该养成的微习惯，并依据该一览表，每月发放当月的《习惯养成教育成长手册》，每个孩子人手一册，每天进行自我检测，每周进行自评，每月的好习惯养成情况由家校互相反馈，采取家长评价、教师评价、学生互评，家校联手培养好习惯，每月促成一个好习惯的养成。家校联手为孩子成长保驾护航的同时，也为家长了解我校各方面工作提供了窗口，为我校提升影响力培育了社会基础。

**“四七”德育新模式：“四七”即为“四节、四礼、七课、七仪”**。“四节”即为“体育节、艺术节、科技节、读书节”。“四礼”即为“入学礼、入队礼、成长礼、毕业礼”。“四礼”以庄严而充满仪式感的活动给孩子们的小学生活留下浓墨重彩的一笔。“七课”即为“红色的思政德育课程、橙色的文学文字课程、黄色的乡土课程、绿色的体育课程、青色的美术手工课程、蓝色的科技创客课程、紫色的音乐艺术课程”，用七彩课程呵护孩子生命的个性成长，丰盈和美灵动的烂漫童心。“七仪”即为“仪表之仪、仪式之仪、言谈之仪、行走之仪、餐饮之仪、待人之仪、游览之仪”。通过此“七仪”，塑“新小学子”高雅之态，扬“新小学子”浩然之气。

## 四、心育得法，实现师生“心”健康

新区小学作为省心理健康教育研究会会员单位、市中小学心理健康教育教学会员单位，现有心育专职教师 2 人、兼职教师 10 人，一年级到六年级均开设了心理健康教育课，确保学生接受系统的心理健康教育，形成了长效的教师心理健康教育培训机制。学校心理健康辅导中心设有接待室、个体辅导室、团体辅导室、沙盘活动室、放松室、宣泄室等 9 个功能室，设备齐全。中心通过“心语信箱”、联系电话和电子邮箱提供预约服务，每周一到周五下午 4 点到 6 点固定开放。每天有预约咨询，每周举行心动力社团活动，每年有“心理健康活动周”。

**新区小学已形成了以服务师生心理健康为核心、以心理健康课程为主线、以心理健康活动为载体、以心动力社团活动为特色心理健康教育“新小模式”。**

## 五、着眼课外，搭建成长新平台

一主多优，新区小学打造了以足球为主，击剑、跳绳、琵琶、吉他、3D打印、激光雕刻、编程等齐头并进的成长课程，在促进孩子德智体美劳全面发展的同时，学校的素质教育也获得了社会各界的一致认可。

作为教育部命名的全国首批“青少年校园足球特色学校”，学校着力将校园足球特色做到极致，相继开设了足球课，建立足球社团，并经过不断地设计构思，在借鉴体操、广播操、太极拳等健身运动的基础上，将踢球基本技巧与其融为一体，开发了校园足球操，让足球融入大课间，融入校园生活。时至今日，在足球操的带动下，孩子们渐渐与足球运动结缘，课堂内外，新区小学校园尽显足球特色。学校班班有球队，校长杯足球联赛勇争先。2016年以来，校足球队在市长杯比赛中三连冠，并取得了省长杯第四名的佳绩。2019年，学校获得了“河南省校园足球示范学校”称号。

活动即成长，新区小学历来重视学生社团活动的组织和开展。学校开设了体育、艺术、科技、文化四大类别几十个社团，从花样跳绳到击剑、跆拳道，从清音琵琶到吉他、叮当小钟琴……丰富多彩的校园社团已经成为孩子们热爱学习、获取知识、提升能力的一个成长新乐园。

近年，新区小学把创客教育作为提升孩子创新能力的突破点，并为之提供了强有力的软硬件环境支持。学校投资数十万元购买了创客所需设备，建立创客科技馆，先后派出数十人次创客指导教师参与各种创客教育培训，积极发展各类创客社团，在学校的40多个社团中，无人机社团、3D打印社团、激光雕刻社团、Scratch创意编程社团、网页制作社团、机器人社团等一批创客社团蓬勃发展。近年来我校的小创客参加省市青少年机器人竞赛荣获各类奖项数十人次。2018年学校被评为省创客教育示范学校，2019年获河南省科技活动特色学校殊荣。

这里，是文明的乐园；这里，是创新的舞台；这里，是足球的摇篮。十五年励精图治，十五年图新纳新，新区小学将紧握机遇与挑战，立足三大特色，打造全国知名学校！

**李青青** 河南省洛阳市实验小学校长

河南省洛阳市实验小学党委书记、校长，河南大学研究生，中小学高级教师，河南省党代表、洛阳市人大代表、国务院特殊津贴获得者，特级教师、中原名师、省学术技术带头人，省五一劳动奖章获得者，2013 年 1 月至今担任洛阳市实验小学校长。

## 品牌传播与学校影响力

教育品牌是学校的核心竞争力之一，起着凝聚教师人心，给团队注入信心，让家长安心的巨大作用。**一所学校的品牌从诞生到逐渐成长，再到长成一棵参天大树，靠的不仅仅是时间，还要不断地给种子浇水施肥、除去杂草，教育品牌这棵大树才能成长起来。**

如果说，给学校做准确的定位发展是一颗“种子”的话，围绕“定位”给学校做规划并实施发展过程，就是给这株树苗培土打桩，输入营养液，这个细致的过程十分重要。而对品牌的传播，则如同在这棵树的周围做亮化，让一切透明于公众视野之下，引起公众的关注。这样的品牌宣传本身就是一种评价，让被评价主体中的每一个人，都会有一种品牌感，并愿意为之付出一系列的努力，这就是品牌宣传工作产生的内核动力，也是品牌传播的意义所在。因为，品牌影响力是提高学校品牌认知的重要因素，而品牌传播，是提高学校影响力的重要因素。

## 一、品牌认同

俗话说，“酒香也怕巷子深”。再好的美酒，也需要口口相传，弘扬品牌的力量。品牌的产生、广而告之的传播、因传播而产生的品牌认同感，才是传播的真正价值。**就品牌而言，企业如此，教育更是如此，对于“品牌价值”的强烈认同感，影响的是人的心智模式，教师对于学校文化的认同能够产生内驱力和创造力，学生和家长也会因为对于学校文化品牌的认同，而产生支持行为。**

学校品牌认知度是品牌资产的重要组成部分，它是衡量学生和家长对品牌内涵及价值的认识和理解度的标准。

举办学校，因按照定位、规划、实施、评价而产生的一系列目标清晰、策略有效、行为达到自觉的这个办学过程，这本身就是学校的“内涵”。而因为教师、学生、家长和社会，对学校的好感是一种对学校工作的认同，这种认同，决定着每个人行为自觉的程度，因品牌认同而产生的内驱动力，决定着学习创新力，也能够润滑管理的机制，减少摩擦，降低成本，提高效率。**这些因办学“内涵”而产生的“化学反应”是学校发展的“外延”，也就是品牌影响力的产生。**

## 二、品牌认知

“品牌影响力”理论，为品牌建设提供了可复制的模式，简单说，一个成功的品牌，首先应该具备比较高的知名度，然后是受众群体对该品牌的内涵、个性等有较充分的了解，并且这种了解带来正面的、积极的情感共鸣，才能促使在使用了产品、认可了产品价值后，还会再次重复购买，成为忠诚的消费者。**譬如说，父母在这所学校读书，子女也倾向于选择这所学校，哥哥在这所学校上学已经毕业，弟弟入学也仍然选择在这所学校，家长和社会的“口碑”就是教育影响力的重要传播渠道。**

对于学校的品牌认知，由学校的核心竞争力——教师的专业水平所决定。学校管理对于细节的追求，对于制度的改进，对于教师内心深处的情绪呵护，都是提升教师工作能力和刺激提升工作激情的有效策略。一个具有公平、公正、公开的民主治校的良好环境，一所尊重人的成长把人放在校园中央的学校，一位倡导文化立校核心样本的校长，一群旗帜鲜明目标一致奋勇争先的教师……这一切所形成的团队精神，让每一个置身其中的人都深入了解感受经历学校发展过程的成功与快乐、挫折与酸楚，即使遭到过失败，却依然竭尽全力。只有对品牌拥有充分认知、充分体验，才会产生高度认同。

我和团队十分坚信“一点点”的成功智慧。在做任何事情的时候，都坚持比过去好一点点、用心一点点、精细一点点，要超出对方心理预期一点点……**这些“一点点”如同在学校品牌的银行账户里存储一样，日积月累，越积越多。公众的品牌认知正是在这样的“一点点”背后而产生的好感中积淀下来的。**

春节前夕看望老教师，选择七十五岁以上的老师，以及有病在身的教师，学校教师长寿者多，但领导班子分成几个小组，确保每一家都要走到，而不是选择几个代表看望，让更多的老师感受到他们的付出后人依然记得。我们信奉的就是“一点点”原则，我们要比别人多做“一点点”。

## 三、品牌讲述

洛阳市实验小学的“体验教育”，核心理念是“在体验中快乐成长”，注重的是“体验”和“成长”的教育过程，以对教育过程的关注追求教育结果。突出教育过程中人的主体参与和自我实现，在经历、参与和全身心投入的实践中，让经历者讲述故事和记录过程本身就是一种对品牌的讲述，这样的宣传也能够在主体内心对品牌认同的同时，传播学校的办学文化。

**“体验”不只是孩子们的体验，还有教师、家长的体验，教育本身就是学校、家庭、社会共同作用的一个完整体系。**除了加强和主流媒体的沟通，学校自创的学校公众号、微博、抖音都有团队专业运营，包括学校校长本人开设的“青青随笔”的微信推送，展示校长的办学理念以及对校园故事的记录，加上专业的版面设计，专业的图片摄影，专业的微信头像设计，都能够给学校影响力赋能。

做好学校的宣传工作，是每一个人的责任，需要引导教师认真关注。每一个班级都有自己的微信公众号，每一个公众号都有一个运营团队，这支队伍里面包括教师和家长们，孩子们是公众号宣传的主角。公众号的内容有教育理念，也有班级学习活动的记录，有学生成长故事，也有优秀学生成就的推送，有线上诗词大赛、阅读打卡、讲故事比赛，等等。**公众号成为班本课程的研发平台，也是班级的宣传平台，与家长的良性互动致使班级公众号与学校公众号组成了一个微信矩阵。**

与此同时，每一名教师每周都要写随笔，记录校园里和课堂上的教育故事，学校定期统计并公布。公众号的记录和教师的随笔，让教师在实践过后重新思考梳理，体验教育故事带给自己的感受。

## 四、品牌保护

宣传包括广告与公关，通过宣传去传播学校文化，是对办学文化正面的、积极的、主动的引导，宣传忠诚于学校文化品牌，并对学校品牌进行保护。宣传工作中的公关，很大程度上是危机公关，是对潜在风险的认识与敏感，并且能够用主动行为去转换危机，让危机成为挑战和新机遇。

**品牌被认知，才有可能被了解、被认同、被讲述、被记录、被体验、被好感，从而产生对品牌的保护心理。**不允许任何一个人践踏或者破坏学校品牌，这种强烈保护学校品牌定位心理，操纵着情感需求。

品牌传播，与不做任何宣传的“低调”相对立，竭力主张团队中的每一个人都做学校文化品牌的传播者。深度参与，充分了解，热忱去爱，忠于创新，让学校影响力变成一种内驱动力，去促进学校进一步发展。

**郭勤学** 郑州市第十一中学校长

郑州市第十一中学校长，中学正高级教师，河南省先进工作者，河南省特级教师，河南省教育系统先进工作者，河南省优秀教育管理人才，河南省首批中小学名校长，河南省第六届、第七届政府督学。

# 用“真爱”哺育民族的希望

郑州市第十一中学 2011 年承办内地新疆高中班。回首八年的办学之路，我校在各级领导的关怀和指导下，从抓好学生思想稳定入手，以各种活动为载体，加强民族团结教育，引导学生自主管理、立体成长、全面发展，为加速边疆发展、维护国家的长治久安贡献力量。

我校现有 620 名在校疆班生，是全国内高班招生规模最大的学校之一。学生由维吾尔族、哈萨克族、柯尔克孜族、回族、蒙古族等 12 个民族组成。

**8 年来，我校在思想教育方面形成了“爱国、勤奋、卓越、感恩”的疆班精神；在学生教育管理中，始终以爱作为教育的基石，把家庭和爱的教育引入到校园和师生间。**学校组织开展“民族团结郑州行”大型直播访谈、优秀学子冬令营励志游等实践活动，促进民族融合和团结。

沿着这样的办学精神，学校逐渐走出了一条以内高班活动为特色，具有郑州十一中特有品牌的道路。

## 一、依托德育活动，增进民族团结体验感悟

学校改革创新原有的活动形式，将学生以活动为单位、系列活动内含其中。这样的活动安排教育目的明确、形式多样，学生的活动参与积极性和广泛性均得到了提高。具体如下：

**（一）“我们的节日”主题活动**

“我们的节日”内含7个系列活动，分别是：元旦迎新舞会、春节期间举办新春游艺暨烧烤节系列活动、“地球一小时”草地音乐节、母亲节文艺汇演、古尔邦节文艺汇演、中秋诗会、国庆节升国旗。

**（二）“爱国教育、民族团结”主题活动**

内含6个系列活动，分别是：寒假志愿者服务活动、与乌鲁木齐电台联合举办的“民族团结郑州行”大型直播访谈活动、本地学生与新疆学生“结对子、走亲戚”活动、“传承民族精神、弘扬爱国主义”社会实践活动、每周六晚上开设的德育电影课活动、每月一主题活动。

**（三）开展“中原文化行”主题社会实践活动**

新疆学生在洛阳牡丹花会上切身感受“花中之王”的雍容华贵，在龙门石窟中领略中国石刻艺术的巅峰；在安阳殷墟遗址回味商代辉煌灿烂的青铜文明；开展“感悟历史温度 重读红旗渠精神”社会实践活动，感悟革命精神，弘扬少数民族学生的爱国主义情怀；登嵩山少林赏武僧真功夫等，丰富多彩的社会实践活动不仅激发了他们对祖国美好山河的热爱，更把祖国优秀传统文化潜移默化融入学生思想道德建设中。

**（四）举办各种演讲、朗诵比赛**

为了提高新疆部学生汉语言表达能力，举办《我眼中的河南》《民族团结一家亲》等主题演讲比赛、“天山杯”成语英雄大赛、中秋诗会等，活动形式新颖，内容丰富，引人入胜。

## 二、落实教学创新，实现民族团结有效引领

新疆部成立以来，学校党委就把选拔、培养和使用少数民族教师作为民

族团结工作的重中之重。新疆部现有管理教师 4 名，新疆籍内派教师 4 名，内派教师作为民族间交往、交流、交融的桥梁纽带，为学校教育、管理和服务提供了良好的保障。学校每周召开少数民族教师例会，利用各种机会，对教师开展民族政策和民族文化的宣传，保证少数民族学生教育教学工作顺畅有序。新疆部实行分层教学，因材施教，为学生打下坚实的“文化基础”。具体工作措施如下：

**（一）适应学生特点，优化教学组织**

学校针对内高学生特点，采用“分层插班，部分单独成班”的分班模式。即高一年级全部实行预科教学及管理，高二年级根据学生学业成绩采用“分层插班，部分单独成班”的分层教学管理模式。经考核达到学校分班标准的同学就混编到相应的班级里，学业成绩有差距的同学就单独成班，有针对性地安排教学及管理。力求通过教学组织方式的不断优化，使内高教学更加科学有效，更好地体现“因材施教”的教学理念。

**（二）注重学法指导，提高教学效率**

针对内高学生特点，在教学中处理好普遍性和特殊性的关系，建立起可操作的内高教学质量评价体系；针对内高部分学生学习效率低下的现状，帮助学生制订学科学习计划，在教学中有意识地加强学法指导，充分挖掘出学生的学习潜力，进一步拓展学生进步和发展的空间。

**（三）关注学困生**

部分内高学生学习基础薄弱，学习压力大，对学习有畏惧心理，自信心不足。为此，对学困生要给予更多的关心和帮助，格外重视学困生的心理疏导和学习方法的指导，落实学困生的拉差补缺工作，使学困生的学习能力和学业水平稳步提高。

**为了使学生尽快适应学校要求，在管理上我们做到了三结合：新疆部管理与班级管理相结合；班级管理与宿舍管理相结合；平时教学、活动和节假日教学、活动相结合。**鼓励学生参加学科竞赛，提高学习的成就感。

## 三、相伴相随，促进民族团结特色创新

怎样将学校新疆部办出特色、办出成效，为内高班学子提供一个优质的生活、学习环境，使他们成为未来新疆各行各业的优秀人才，一直是我们苦苦思索的问题。因此，学校在抓好常规教育教学工作的同时，进行了以下探索与实践。

### （一）打造“自主管理”特色

在学校学生会的基础上成立新疆部学生会，日常管理中充分利用学生会组织，完善学生“自我服务，自我管理，自我教育”的目标体系。班级、学习、生活和活动的管理尽量依靠学生，放手让学生干部去做一些事情，注重培养学生的组织、协调和管理能力。

### （二）情暖人心——“我的中原年”

每年的春节和少数民族传统节日，都是学生想家思乡的时候，为此，新疆部的每一名成员都会放下家庭、放下工作陪伴他们。学校领导班子乃至省市领导也会在百忙之中带着慰问品来到学校，与学生一起唱歌跳舞，包饺子、放鞭炮、看春晚。在春节期间学校举办迎新春联欢会、烧烤节、美食节、校园歌手大赛等系列活动，让六百余名师生度过了祥和、快乐、年味十足的“中原年”。其中，“郑州妈妈、新疆娃”更是上演着一幕幕感动、温馨、幸福的画面，郑州妈妈来校观看新疆孩子的新年演出，新疆孩子到“郑州爸妈”家里度过新春佳节，像一家人一样相亲相爱，让寒冷的冬季倍添温暖。

### （三）一日新疆班，一生民族情

同时，新疆班和本地班学生的“结对子”活动亮点纷呈。生活中，他们互相关心、互相帮助；学习中，他们共同成长、共同进步。学校开展“同跳一支舞，同唱一首歌”活动，促进各族师生交流交往交融，让民族团结之花魅力绽放。暑假家访，新疆学生得知学校的老师和自己的小伙伴儿要来家里做客，高兴地安排和精心准备，极尽地主之谊。本地班同学吃到了香甜的水果、正宗的烤肉、参观达坂城古镇欣赏了美景，更加深入地了解新疆。

**（四）加强学生社团建设，促进民族交流融合**

为了充实学生课外生活，学校成立了多类别的新疆部学生社团，如艺术团、足球队、篮球队、排球队等，通过开展社团活动充分展现天山学子的才艺。特别值得一提的是“雪莲艺术团”，这是一个完全由内高班学生组成的歌舞艺术团，雪莲艺术团以打造“精品五星社团”为目标，积极开展活动，多次代表学校参加省、市级演出并取得优异成绩。学校还专程从新疆请来舞协舞蹈高级考官、中国舞舞蹈高级考官——周江玲老师对艺术团学生进行专业指导，“五四”青年节时，雪莲艺术团的同学们精心准备的民族舞蹈《花园》在郑州市青少年宫演出，向全市人民展示了十一中民族教育成果和郑州十一中新疆部学生的风采。

**（五）特殊的新疆部家长会为疆娃求学之路保驾护航**

因为少了父母的陪伴，所以每年本地班学生召开家长会是新疆班学生和学校最苦恼的时候。许多学生这个时候思乡情绪更重，少言寡语。为了让学生们在学校感受到家的温暖，学校老师每学期为新疆部同学单独召开家长会，把点滴关爱倾注到每一位新疆学子身上。师生们围坐在一起分享成长过程中与父母的点点滴滴，孩子们对于父母的感恩之情远比成绩单上的数字更动人。

**（六）夜巡小使者，点亮校园平安夜**

由于周末和节假日新疆班同学依然生活、学习在校园，因此新疆部学生会在老师的带领和指导下，组织夜间巡逻队加强校园安全防范，他们的出现成了校园内一道亮丽的风景，被大家亲切地称为“守护神”。学生巡逻队队员熟知安全防护知识及消防知识，在巡逻时发现安全隐患及时上报，并在巡逻后认真做好巡逻记录，协助学校保卫部门对学校消防器材进行检测，还经常在学生中进行治安、防火安全知识宣传，增强全体学生的安全防范意识，及时将同学们的意见和建议反映给学校，也将学校的反馈给广大学生做好解释和说明，起到了纽带和桥梁作用。

八年来，学校先后获评“郑州市民族团结进步示范单位”“2017 年度郑州市维稳、安全保卫工作先进单位”“河南省民族团结进步创建示范单位”“新疆维吾尔自治区内学办信息报送先进单位”，在省高工委、教育厅组织的民族团结教育主题征文活动中荣获“优秀组织奖”荣誉称号。**如今，“民族团结”这四个字不仅仅只是停留在口头上、文件上，而是已经深深根植在每一位师生的心里，变成了自觉的行为。**学校还将不断建立和完善民族团结工作的长效机制，紧紧团结和依靠各族师生，坚持不懈地做好民族团结工作，充分利用学校优越的办学条件，培养合格的社会主义建设者和接班人，为豫疆两地的教育事业发展贡献力量。

**王保军** 郑州市第七中学校长

郑州市第七中学校长，中学正高级教师，特级教师，享受国务院特殊津贴专家，全国先进工作者，教育部全国优秀中学校长，河南省跨世纪学术带头人，河南省百千万工程学科带头人。

# 多措并举、德智共育

## ——郑州市第七中学校园活动品牌化的探索之路

美国著名教育改革家古德莱得教授在《一个称作学校的地方》中曾有一个核心观点：**“教育是一个探究的过程，在这个过程中个人逐渐理解自然和社会现象以及有结构的主题知识，最终认识自己。”**基于这种认知，我提出了“在体验中成长，在成功中成才”的教育理念，并纳入七中的办学思想体系中。“博雅教育”作为七中的另一教育理念，强调教育不仅是知识的传授，更是心灵的陶冶，包括有效的思考能力，有效的沟通能力，做出适当判断的能力和价值判别的能力。

围绕“博雅教育”和“在体验中成长”理念，我校近年来不断地探索与实践，倡导知行合一，培育出德育、课堂及师资队伍建设、社团活动等一系列具有七中烙印的校园品牌活动。这些活动形式多元，各有侧重，但都注重培养学生的综合素质，塑造健全人格，是师生们开阔胸襟眼界、展现个性风采、交流思想的重要舞台。

## 一、成才先成人，育智先育德

近七十年的办学历史，郑州七中始终坚持“成才先成人，育智先育德”的优良传统。从初中校区“周恩来邓颖超青年时代纪念馆”到高中校区“雷锋同志事迹展览室”，再到群贤毕至的名家讲堂，**七中从课堂、户外等多个角度为学生确立人生方向提供抓手，摒弃了千篇一律的说教、示范模式，采用体验活动给学生铺设一条高起点、高标准、高趣味的成长之路。**

### （一）树立远大理想——“周恩来班”“邓颖超班”

2016 年，郑州七中“周恩来班”“邓颖超班”荣获“郑州市青年五四奖章集体”。“周恩来邓颖超青年时代纪念馆”被命名为“郑州市中小学爱国主义教育基地”。学习伟人精神，争创“周恩来班”“邓颖超班”在七中各个年级蔚然成风。

今年 5 月举行的第二届“为中华之崛起而读书”—— 全国周恩来班“读周恩来原著，写心得体会”大赛中，我校八年级“周恩来班”的胡浩哲同学所写的《人生之计，其贵于勤》在决赛展演中崭露头角，荣获全国中学组二等奖（全国前十名）。本次征文活动，我校共选送 10 篇征文，有 7 篇入围全国决赛，荣获大赛组委会特别颁发的“优秀组织奖”。

**从这些少年身上，我欣喜地看到：一个人追求的目标越高，他的能力就发展得越快，对社会就越有益，青年人“后日必不可限量矣”。**“周恩来班”和“邓颖超班”作为郑州七中的老牌活动，正逐步成为郑州市乃至河南省实施素质教育的一张名片。

### （二）43 年从未间断，将学雷锋进行到底

雷锋精神是中华民族传统美德与共产主义光辉思想相结合的典范，是中华优秀传统文化的继承与升华，更是对美好人性的追求与向往。

作为“全国中小学德育先进集体”，郑州七中 43 年坚持不懈的体验与传承“雷锋精神”，开展系列活动，不断丰富学雷锋活动的内涵和形式。分别开展了以“城乡学校手拉手，同龄学生心连心”互帮互助为主要内容的集体主义体验活动；以宣扬老一辈无产阶级革命家的光辉业绩为主要内容的革命

传统体验活动；以学习雷锋、赖宁、焦裕禄、孔繁森等模范人物全心全意为人民服务精神为主要内容的无私奉献体验活动……

2019 年 2 月 4 日，立春、除夕，河南省委宣传部副部长、郑州七中 81 届校友张曼如和 18 届在校生不约而同地出现在大年三十的郑州火车站，给耽搁在路上的旅客送上热腾腾的饺子。张部长当年在七中就是郑州市学雷锋活动先进个人，除夕到火车站煮饺子送温暖，她和校友们已坚持了十几年。

**43 年坚持不懈的学雷锋活动，让"雷锋精神"跨越时代，照耀着我们的心灵，七中人无论走到哪里，身上都有七中的烙印，都承载着家国情怀、奋斗精神。这也成为七中的文化品牌和精神名片。**

### （三）站在巨人肩上——群贤毕至的名家讲堂

名家讲堂从 2011 年首次提出到 2012 年的正式启动，从 2013 年的寥若晨星到 2014 年的群星璀璨，如今的名家讲堂已成为七中校园文化生活的常态。中国作家协会会员、河南省诗歌协会副会长、河南作家书画院研究员冯杰就阅读写作与"心荷"文学社的同学进行交流指导；河南农业大学安世恒教授的"小昆虫，大世界"；河南省文艺志愿者、《书法导报》副总编辑、中国书法家协会会员、河南省书法院副院长孟会祥老师的 "书法的历程"；河南省公众考古与遗产保护中心主任马俊才的《流沙古墓话考古》；国际化学奥林匹克学术委员会主任兼命题组组长、北京师范大学教授吴国庆先生引导高中学生另眼看化学……

一系列比肩高校的优质名家讲堂，成为七中的传统和品牌，极大地丰富了学校课程，提高了师生的综合素养，激励师生以名家为榜样，增长见识，开阔眼界，追求卓越的人生。

## 二、智慧促课堂，讲台炼名师

### （一）以学习者为中心——与时俱进的智慧教育

随着现代信息技术与教育教学课程的深度融合，能够实现课前、课中和课后的全程跟踪，具有学习环境智能化、资源推送智能化、教学形式灵活多样和反馈评价即时高效四大特征的智慧课堂 2016 年在七中全面推进。

智慧课堂为学生提供了开放的学习环境、海量的学习资源和有效的认知工具，教师能快速地收集到学生学习中的过程性信息，及时检测学生的预习和掌握情况，了解学生学习的难点及形成的原因。通过分析发现学生的知识结构模型和能力模型，快速精准地判断出学生的知识结构和能力倾向，使教学进度的设置更加科学合理，有利于挖掘教学的深度和增加教学的强度。

基于“三度”教学的智慧课堂在七中深受师生喜爱，同时也为其他学校在智慧课堂建设方面提供了标杆。

### （二）千磨万击还坚劲，吹尽狂沙始到金

**讲台是一名教师成长的熔炉，而“讲台炼名师”工程，正成为七中教师成长的助推器和新名片。**国内知名教学能手齐聚七中同台竞技，“智慧校园”工程将课程资源整合同信息技术深度融合，推动教师全方位成才，打造具有七中特色的专业教师队伍。

学校分别于2015年和2017年举办了两届全国范围的“讲台炼名师”活动，我校先后有12个学科的24名老师与来自全国近30个城市的70余名专家名师同课异构、同台竞技，一部分教师通过这一平台走向更大的全国平台。此外，我们还积极开展常态化的青年教师汇报课、过关课，名师展示课，推门课等，行政会也由理论领学转向听评课，苦练教师基本功并积极搭建平台，促老师专业成长。“一师一优课”仅2017~2018学年我校教师获市级优课11人，省级优课9人，部级优课7人，在全省各级各类学校中名列前茅……这些成绩，与课程资源整合、搭建专业成长平台的措施息息相关。

## 三、活动为基础，品牌成系列

### （一）知行合一的社团活动

我校社团坚持“全面发展和个性特长相结合”的培养目标，彰显的是五彩缤纷的生活，宗旨是引导学生在活动中体验，在做中学，促进学生的成长和自我实现。我校有远航演讲团、文学社、三叶草生物社团、电子制作社、日知社、英文影视欣赏、国学等共44个社团，这些社团与学科组结合，为学生探究性学习提供了交流的平台。

其中，文学社由老师引领、学生主编，创办了属于学生自己的刊物《心荷》和《异屿异年》。由学生自己负责组稿、排版、推介，并邀请专家学人、友校社团研讨，真正让学生走向了前台，培养了学生们的综合素养。我校文学社也被评为郑州市首批五星级社团。日知社以文化探究为特点，不仅提高了学生的理论修养，而且开拓了学生的实践活动和综合素质，培养了社会责任感和民族精神。社团成员还与老师一起开发了《印象中原，老家河南》的校本课程，深度挖掘河南文化。由日知社牵头负责的“郑州市中学生国学社团联盟”作为河南省唯一的社团项目成功入选团中央全国 50 个中学生优秀国学社团教育项目。

### （二）“戏剧是时代综合而简练的记录”——探索生命的戏剧节

一位戏剧家说：将剧场艺术最广阔的可能性连接到教育中，是戏剧艺术最核心的东西。

戏剧节作为七中的创新品牌活动，集中体现了“博雅教育”的精神。它面向全体各级各部学生，让孩子们接近艺术，发现自我，探索生命，享受创造。通过戏剧，孩子们收获到人性的光芒；通过戏剧，学校教育被赋予更多的内涵和意义。

### （三）家事国事天下事，事事关心——“眼观六路”的学科节

七中学科节 2012 年启动，现在已成了郑州七中全体师生共同的节日，全校师生人人参与。“租车位划算还是买车位划算？”“老人摔倒扶不扶？”学科节上，知识和生活紧密结合，同学们通过社会实践，将书本上的抽象概念转化为对现实社会的深入理解与思考，通过真实的事例与数据，提炼出对个人成长有益、对社会发展有价值的观点思路，体现对社会建设与发展的思考。郑州七中环境 NGO 社团在学科节上成立，呼吁社会关注环保；围绕“全面二孩利大于弊还是弊大于利”的辩题开展了辩论赛；创业企划比赛，充分展示了同学们自身的才华和创造力，锻炼了组织能力和逻辑能力，将课堂知识和课余文化巧妙地融合在一起；图书馆和教研组共同举办了图书推介活动，激发师生们阅读的兴趣……

**李慧军** 濮阳市第二实验小学校长

濮阳市第二实验小学校长，正高级教师，全国劳动模范，享受国务院政府特殊津贴专家，全国巾帼建功标兵，河南省第二届最具影响力校长，荣获2018国家级教育教学成果二等奖。出版著作《评赏阅读教学法》《教育因适度而精彩》等。

# 引领家庭教育活动成品牌

我校以活动多、可持续、成品牌而著称。除了远近闻名的适度教育大讲堂，还有儒雅少年梦谦谦君子风活动，展示性评价活动，书香文化节活动，体育文化节、科技艺术节活动，以及以家校共育为主题的家庭文明读书社团活动，等等。

这些活动我校师生耳熟能详，并乐此不疲，积极参与。下面以我校已坚持6年之久的家庭文明读书社团活动为例，来说明品牌活动是如何打造出来的。

## 一、明确目标　突出引领性

2014年，由于楼房改造等原因，我校没有图书馆，没有阅览室，又争取不到专项资金，而学生不可以一日不读书，怎么办？怎么把短板做长？怎样让校园有图书馆成为现实？

经反思后决定，可以借助同伴互助力量，开发共读资源。一是召开家长会发动家长捐书，愿意多捐的可以多捐，一本亦可，开展“拿一本读一千”活动，于是不仅班班都建起来班级书架，还建起两座可以上阅读课的阅览室；

二是评选读书小标兵和书香班级，以督促形成浓厚的书香氛围；三是引领广大学生利用星期天和节假日，根据住所就近组成读书社团，取名叫“某某某家庭文明读书社团”。这样以来，特别是家庭文明读书社团的成立，很快得到广大学生和家长的青睐，孩子们根据住址远近和志趣爱好，组成一个个读书社团，孩子们打着自主命名的社团团旗，自制的团徽团服，唱着自编的团歌，喊着自定的社团口号，一到星期天，就聚在一起读书，小河边、树荫下，孩子们坐在一起书声琅琅，要么比赛，要么交流，要么争论，要么朗读，要么静读，有时候为了交流不同看法个个争得面红耳赤，孩子们的全程活动由家长陪同，效果不言而喻。

## 二、面向全体　提升参与率

由一个年级开始实验，后来逐渐被大家认可，推广到各个年级，全校一共建起家庭读书社团 392 个，实现了全校学生全覆盖。孩子们每次活动之前都要进行周密设计，开始是在家长的指导下进行，渐渐地孩子们自己有了主见，自己设计读书活动，比如，提前约定要读的书目、活动时间和地点、当次活动的主要议程，读书环节结束后，还要集体做公益活动等。活动之前孩子和家长都会乐此不疲地精心设计一番。

值得一提的是，这样的读书社团活动，不仅促进了孩子读书，促进了彼此交流，加快了成长步伐，还是广泛开展社会实践，彼此建立深厚友谊尤其是建立良好的母子、父子关系的重要桥梁。

## 三、交流互动　进入良性循环

**无论什么活动，要想可持续常态化，都必须有中间的助力环节，仿佛加油站，又仿佛助力器，让主题活动永葆动力持续前行。**在家庭文明读书社团活动中，我们常用的助力器就是学校搭台、家长“唱戏”。在学校的主持下，就近期观察到的活动中存在的优点和不足，选择有代表性的社团代表，进行交流互动，以互通有无，共同提高。

每学期中间，我们都要进行家庭读书社团的阶段性经验总结交流会，代表们的现身说法，有时比学校开大会教师开小会的引领作用还要大，因为它**解决了广大家长的活动困惑，创新了社团活动的形式，吸引了孩子的参与兴趣，这样就渐渐把活动引入了一个良性发展循环。**

## 四、定期表彰　确保可持续

就家庭读书社团而言，学校的作用除方向引领、不断搭台、促进交流之外，还要适时对活动进行总结，给做得好的社团以肯定、鼓励和表彰。每学期表彰一到两次，每次都要表彰十佳家庭文明读书社团、百佳书香社团，还要表彰书香文明家庭、书香文明班级、书香文明年级等，通过表彰激励了孩子们持续爱读书、读好书的积极性，也调动了家长持续支持的积极性。

该活动直到今天已达 6 年之久，有的班已做活动 160 多期，活动效益之大是其他任何活动不能比的，孩子们的阅读量、读书能力、交流能力、交往能力、合作精神、劳动意识、公益品质，以及建立的深厚友谊等，都远远超过孩子们在家独自读书所能收获的。

**不难看出，家庭文明读书社团活动可持续、可推广，当前已成为我校名副其实的一大品牌。**2016 年，濮阳市妇联、市文明办、市教育局联合召开现场会，推广我们的家校共育成果，《教育时报》、中华网、文明网等几十家媒体先后报道或转载。如今，该活动依然在我校持续开展，已被省内外广大同行们效仿和借鉴。

**郭勤学** 郑州市第十一中学校长

郑州市第十一中学校长，中学正高级教师，河南省先进工作者，河南省特级教师，河南省教育系统先进工作者，河南省优秀教育管理人才，河南省首批中小学名校长，河南省第六届、第七届政府督学。

# 让每个学生都得到最适合的发展

郑州市第十一中学，始建于1953年，是河南省首批示范性高中，连续两届被评为河南省文明单位，2020年被评为河南省文明校园标兵。学校文化底蕴深厚，校园环境优美，教学设施一流，是一所生态化、现代化、智能化的花园式学校。

**建校六十多年来，我校培养了水稻专家弓盛梅、世乒赛女单冠军葛新爱、影视明星胡亚捷、科学家张建伟、央视著名主持人张泽群、中国首位升空女航天员刘洋、凤凰卫视资讯台助理台长张凌云等一大批多领域杰出人才，他们从这里出发，奋斗在各行各业，为国家和社会做出了突出贡献。**

中国首位升空女航天员刘洋就是众多杰出校友的典型代表。我以刘洋的成长历程为例，揭秘郑州十一中优秀人才培养的“秘籍”。

## 一、喻事明理　懂得感恩

1997年夏天，郑州十一中刘洋和同学们一样，正在紧张地备考。直到一天，一家航空公司前来招收飞行员，这份“未知、神秘”的职业引起了刘洋的注意。刘洋跟班主任武秋月表达了想去应征招飞的想法，最后，却止步于“此次招飞只招男生不招女生”的规定。不久，空军要在河南选拔第七批女飞行员，武秋月觉得刘洋的综合条件好，聪明，又能吃苦，而刘洋自己也有意做第一个“吃螃蟹”的女生，于是武老师鼓励刘洋去试试，并给她报了名。“高考上重点大学，有很多机会，但成为飞行员驰骋蓝天，也许一生只有这么一次机会。”正是武秋月老师的这句话，坚定了刘洋入伍的决心，最终，她通过严格的选拔，进入空军长春第一飞行学院，并在随后成为第七批空军女飞行员。

2013年1月6日上午，“飞天”后首次回到家乡郑州的刘洋，在繁忙的日程中抽出时间，带着自己攒下来的飞行员专用巧克力专程探望在郑州大学第五附属医院进行康复治疗的高中班主任武秋月老师。回忆当年师生相处的点点滴滴，开心之余，刘洋情不自禁数次激动落泪，称老师的恩情是她值得珍惜的珍贵财富。**刘洋曾勉励母校学子，没有一个人能够孤单地成长，在我们成长的道路上，需要老师的帮助，需要同学的支持，需要朋友的帮助，需要各种各样的人来支持你、鼓励你，我相信这种力量是巨大的，它会支持你度过一切难关，迎接一切挑战。**

## 二、关注细节　注重养成

有一次，刘洋母亲在接受采访时，被问到“你觉得刘洋在中学时代表现出哪些与众不同之处”，刘洋母亲的回答很朴实：“我还真的没有注意过她有什么异于常人的地方，但是她高中时代的一件小事让我印象深刻。有一次放学回家，她的书包里装了一袋垃圾，我有些疑惑，于是问她装着一袋垃圾回来干什么，她说老师教育我们在校园里看到垃圾就应该随手拾起来，这是我今天拾的一点儿垃圾，忘记扔掉所以带回家里了。”

**一所学校的教育价值，不仅仅在于教给学生多少知识，考上什么大学，而在于学生离开学校后身上还留下什么，留下了怎样的痕迹，这都反映着一所学校的品质。**老子说：“合抱之木，生于毫末；九层之台，起于累土；千里之行，始于足下。”合抱的大树，生长于细小的萌芽；九层的高台，筑起于每一堆泥土；千里的远行，是从脚下第一步开始走出来的。人的智力和才华，是随着知识与经验的积累而逐渐丰富的，而积累，就需要有一个实践和感情的渐进阶段。我校就是通过这种润物无声的德育力量，教会学生从细微之处用心，在细微之处着力，培养学生踏实认真的品质。

## 三、勤学善思　永不止步

刘洋在完成神舟九号航天任务之后，连续攻读清华大学硕士、博士学位，因为她怀抱航天之梦，她的梦想是能够再次升空，成为未来中国“空中大别墅”的一员。为了这个梦想，已经40岁的刘洋每天坚持训练，勤勉不辍。2019年4月24日，在中国第四个航天日之际，学校领导受刘洋邀请参观北京航天城，她的作息安排、紧张程度和高中生一样，上午训练课，下午英语专业课。用她的话来讲“又回到了高三”。她的身上就体现着十一中学子勇于担当、超越自我、献身祖国的情怀，沉淀着十一中教育百折不回、坚韧不拔、追求卓越的基因。

## 四、多措并举　培育英才

教育是立国之本。教育最终落实于学校，肩负于教师，培养于学生。每一所学校在教育的时空里，应该尊重学生个性发展，提高学生的综合素质，为未来的发展奠定基础。

我校始终遵循“和谐发展，育人为本”的办学理念，聚焦核心素养，培育家国情怀，提高教学质量，培养学习能力，促进学生全面健康发展。

经过多年的教学实践，我校构建了具有十一中特色的“发展课程体系”。该课程针对不同层次学生，以及学生发展的不同阶段，确立了发展课程体系建设的目标：基础必修课程优质化、拓展选修课程特色化、研究性学习课程科学化、校本课程品牌化。其中，校本课程建设成效尤为突出，现已开发出校本课程36门，涉及文学、艺术、政治、历史、军事、伦理、礼仪等十几个领域，形成了可供学生自由选择的校本课程“超市”。

学校始终坚持“以普及为中心，以普及促提高”的理念开展体育选项教学，培养学生特长，保证每位学生至少掌握一项可以终身受益的体育技能。学校定向越野运动、篮球、乒乓球和校园足球项目是国家级、省级或市级传统项目，在国家、省市级各项赛事中多次获奖。学校还被授予全国学校体育工作示范学校、全国校园足球特色学校、全国校园篮球特色学校、首批河南省科技体育传统项目学校等多项荣誉称号。

**我们生活在一个充满了变化与挑战的时代，只有不断创新才能引领未来。**学校大力开展创客教育，成立了星火创客空间，不断丰富“三位一体”创客教育课程，为每一个学生提供了至少一门属于自己的创客课程，同时与高校签约合作，在机器人、3D设计与打印、环境创新、植物组培、航空航海模型等项目上加强指导，建设机器人实验室、星空探索实验室、智能飞行器实验室、物联网生物园地，为师生提供更广阔的学习平台，全方位推进创客教育。

**“让每一个学生都被尊重，让他们的个性和潜能得到最大程度的发展，让每一个学生都能遇见最好的自己。”**这是我作为教育者孜孜不倦的追求。我校的学生发展全面、知识基础扎实、科技创新能力强，进入高校后表现突出，受到广大高校的好评，嘉奖、喜报纷纷传回母校。近年来，学校上榜“全国百强高中”，成为河南省入选全国百强高中的三所学校之一；2019年中国五项学科竞赛成绩，学校位列郑州市第四、河南省第七；2019年中国自主招生入选成绩，学校位列郑州市第四、河南省第四、全国百强。

**“教育不是把篮子装满，而是把灯点亮。学校会继续深化改革，挖掘一切可用的教育资源，开展更多丰富多彩的课程与活动，让学生多元发展、健康成长。”**这是我们心中规划的郑州十一中的未来。我相信十一中人定能倾注着激情憧憬，满怀信心和锐气，以坚定的信念、崭新的面貌走向更为美好的明天。

# 树典型

## ——春风化雨润无声

**吴振民** 河南省实验中学校长

河南省实验中学校长，河南省特级教师、河南省优秀教师、河南省教育厅优秀教育管理人才。曾获得河南省学术技术带头人、河南省教育专家、河南省文明教师等荣誉称号。

## 培育名师品牌，探索教师队伍建设新途径

自2012年经省教育厅批准试点以来，河南省实验中学先后有4个学科建立了省级名师工作室，即2012年12月批准、2013年建立的时玮芬初中语文名师工作室和耿珣初中生物名师工作室，2014年12月批准、2015年建立的张定勇高中语文名师工作室和陈玲琴高中英语名师工作室。截至2020年7月，河南省实验中学共有近20位各学科省级名师、4个省级名师工作室和1个省级名班主任工作室，其中2018年时玮芬老师被授予“中原名师”称号，2020年张定勇老师被评为正高级教师（援疆）。

近年来，我校依照“全面发展、追求崇高”的教师专业发展新要求，以省级名师工作室为平台，发挥各学科省级名师的示范引领作用，大胆创新，积极实践，务求实效，探索出了一条教师队伍建设的新途径。

一位有影响力的名师应该具备怎样的特征呢？我们认为有以下三点。

**首先，名师要能够“师出有言”：以知行合一践行自己的教育理念。**名师首先要立得起“言”，要能形成有自己特色的教育理念。例如我校的河南省语文名师、省教师教育专家、省教育厅学术带头人、正高级教师张定勇，

他以“作文校本教研有效实施”为核心，扎实开展作文教学改革。

他构建了序列化的作文训练体系：高一为基础阶段，重点训练复杂的记叙文和议论文；高二为提升阶段，重点训练发展等级、审题技巧和文体意识；高三为升华阶段，重点训练高考应试技巧，鼓励学生关注热点，积累素材。与河南科学技术出版社和文心出版社合作推出了作文系列校本课程《高考作文满分秘笈》《极品作文风暴 · 高中新课标作文训练一本全》等，将满分、高分作文的精彩之处直接展示给读者，并针对得分技法做了新颖准确的点拨。

他提出了作文“一体两翼”理论：“一体”即以自编作文教材为主体，培养学生形成完备的作文同步知识体系及高考应考能力；“两翼”即积累素材和阅读高质量的满分、高分作文，借此构建适合自己的作文模式。其作文改革实践依据学生作文学习的基本规律，优化作文教学设计，使学生的语文素养得到全面提升。

**其次，名师要能够“专务其事”：以出色的教学效果诠释自己的专业素养。**名师不仅要立得起“言”，有自己成熟的教育理念和理想，更要立得起“事”，有自己卓尔不凡的教学效果。张定勇老师的作文教学改革注重对学生进行课内外的高效引导，样态上呈现为“极品引导—阅读探究—升格达标—比赛展示”，取得了显著效果。

为弥补学生阅读和写作的不足，他带领学生开展“每周写一篇书评”活动，及时批改，及时反馈，及时交流，大量优秀习作已被整理成集，内部分享；他与组里其他语文老师指导学生创办《星空》《映刻文学》期刊，由学生自己组稿、编辑、内部发行；他创办个人教学博客，开阔了学生的视野，拓展了学生学习素材的来源。

在张定勇老师“一体两翼”教改理论的指导下，我校作文教学改革取得了显著成绩。

星空文学社被评为郑州市优秀文学社团一等奖。2019 年在河南省教育厅“我的中国梦”征文活动、省文化小论文写作及郑州市“读书报告会”等活动中，有几十位学生获得一等奖、二等奖。2017 年 8 月，在第十二届中小学生创新作文大赛（高中组）总决赛中，我校取得 4 个一等奖、4 个二等奖、6 个三等奖的好成绩；2018 年 2 月，第十六届“叶圣陶杯”全国中学生新作文大赛中，我校李帝均同学获得一等奖；2019 年 12 月，全国首届中学生“奔流杯”作文大赛中，我校翟子逸同学荣获特等奖。

**第三，名师要能够“推出新人”：以合作示范引领团队发展。**作为名师，不仅要能够“立言”“务事”，还要能够“立人”，就是“推出新人”，引领团队整体发展。我校完善了骨干教师发展梯级建设：通过“青蓝帮扶工程”，扶助青年教师快速成长；通过名师工作室平台，激励优秀青年教师嬗变为高层次骨干教师。

张定勇老师非常注重教师间的合作交流。在作文校本教材试验阶段，他经常召集备课组老师进行主题备课、主题上课以及交互式听评课。他亲自做示范课“高考新材料作文的有效审题立意”“高考作文命题规律与预测”等，指导青年教师作文教学，为青年教师解决高考语文作文教学中的难点。指导李漾老师做“作文批改”和“作文讲评”示范课，化枯燥的作文批改和作文讲评为生动活泼的课堂，学生参与度高，课堂精彩纷呈；指导潘聪老师创作《作文素材积累指导》和《写作思维训练》，想法新颖，用之高效。

张定勇老师以科研为抓手，带领团队专题攻关。近年来他带领青年教师开展了《中学作文校本教材的有效开发和应用研究》《高中语文阅读有效教学的研究 》《高中作文校本教研有效实施的研究》等多项课题研究，均荣获省一等奖。

张定勇高中语文名师工作室活动的开展，使一批青年语文教师的业务素养快速提高，在省市级优质课比赛中连夺一等奖；所指导的学生在各类全国性作文大赛中屡获佳绩，多名教师荣获优秀辅导教师奖；在各级各类刊物上发表数百篇专业论文。近年来，张定勇老师也应邀在全国多地高中做高考作文专题报告，受到师生好评；应邀在《光明日报》《河南日报》《大河报》《河南商报》《东方今报》《郑州晚报》上发文解读高考考纲、点评高考语文试题；应邀在《创新作文》《中学生阅读》等刊物上点评高考作文、预测高考作文。

除张定勇语文名师工作室以外，近年来，我校其他 3 个省级名师工作室在“立言”“务事”“立人”方面，也都取得了喜人的成绩。

耿珣初中生物名师工作室成员在省、市、片区学科教研活动中有20多人次做经验分享，30人次获得省市各类教学技能比赛奖励，多名教师被评为省市骨干教师、省教学标兵，郭宏玉老师还被聘为郑州市生物学科中心组成员。

时玮芬初中语文名师工作室在各级优质课比赛中有13人次获一等奖，在技能比赛中有10人次获奖；近两年发表及获奖论文30人次，主编或参编刊物、校本课程10本（套），多名教师被评为省市骨干教师，杨雪珍老师被评为郑州市名师、河南省骨干教师、河南省教育厅学科技术带头人。

陈玲琴高中英语名师工作室近五年来先后承担并完成了7项省级课题，先后有12人次获得省市各类教学技能比赛奖励，6名老师被评为省市骨干教师、省教学标兵，8人次在省内学科教研活动中做经验分享，1人被聘为省市学科中心组成员。工作室成员积极指导学生参加全国和省市各类英语比赛，获得可喜成绩。工作室还整合教研组力量，总结出4册英语高考备考校本教材，已在高考备考中使用过三届。2017年，郭凌云老师所带的两个班级在高考中英语单科平均分在130分以上，轰动一时，充分体现了英语学科团队科研带来的教改活力。

回顾我校名师培育和教师队伍建设工作，以下几点是在实施过程中提炼总结所得，也是我校今后深入开展名师培育工程、充分发挥名师效应与平台机制的指导思想。

（1）明确方向目标，以培养名师。学校及工作室主持人要高度理解名师工作室建设的意义，以培养“豫派名师”为目标；学校要重视工作室的硬件建设，做好各项保障工作；工作室要建立健全组织机构，明确分工，严格准入制度和考核标准。

（2）做到以身作则，以形成引领。主持人是工作室的主心骨、发动机，要能谋划全局，主动协调，要能创新活动形式，及时提炼总结。

（3）抓好常规工作，以形成阵地。名师工作室既要承担名师自身的发展、骨干教师的培养帮扶工作，还要集中力量搞好专项教科研攻关，抓好常规管理，形成教改阵地，打造发展特色。

（4）充分发挥教研组力量，以形成合力。教研组要成为名师工作室的试验田和后花园，为名师发展和工作室建设提供学术土壤、学术舞台和学术支撑。

（5）聚焦专项工作，以形成抓手。名师培育不是单个人的发展，也不是教研组一家的工作，其与学校的各项工作密不可分。**名师既是教师发展学校建设的亮点，也是“青蓝帮扶工程”的主帅，还是教科研改革的领路人，要善于从相关、相交领域里中寻找抓手，形成突破。**

（6）突出重点方向，以形成特色。名师工作室建设要有一项主打产品，要通过抓手形成主攻方向，在实践中形成有主持人个人学术风格的特色品牌。

（7）注重总结提炼，以形成成果。名师培育是一个系统工程，不能寄希望于单人独骑、一朝一夕。**名师要能够提出自己的教育理念，要能够物化自己的实践成果，要能够带出一支业务精良的团队。特别是要善于总结提炼，形成特色成果。**

（8）搭建网络平台，以扩大影响。**名师要有自我宣传意识，要能利用平台，多样化、多渠道地推广改革实践成果，扩大名师品牌效应。**

（9）加强检查评估，以完善机制。名师培育也要有目标、有任务、有检查、有落实。名师工作室建设要年初有规划，中期有检查，年终有考核。加强过程性检查评估，把名师培育与学科建设、团队提升、学校发展统一起来。

**王丽娟** 郑州外国语学校校长

郑州外国语学校校长，河南省特级教师，河南省学术技术带头人、河南省三八红旗手、河南省中小学幼儿园教师教育专家、河南省教育系统先进工作者、郑州市五一劳动奖章获得者、河南省中小学名校长，郑州市十大杰出女性、郑州市专业技术拔尖人才。

# 郑外名师是这样炼成的

**名师之名，根本在于名望，而不只是名气，更不是名头。名望，是众望所归，有口皆碑。**郑州外国语学校的名师是符合学校“肯干、能干、多干、干好”四干精神的，师德高、师能强、爱校如家、爱生如子、教学效果好、学生反应好、同行评价好、社会口碑好、不慕名利而实至名归的优秀教师。

郑外的国家和省市级骨干教师、学科带头人、优秀教师、教育教学专家、拔尖人才等占到了全体教师的70%。近年来，郑外围绕“全国最著名中学”的发展目标，在以“四干精神”和“五字（严、细、深、实、快）管理作风”为核心的郑外精神的引领下，努力探索教师专业成长和名师培养的路径与方法。

## 一、文化引领，唤醒主动发展意识

### （一）牢固把握立德树人根本任务

把握立德树人根本任务，就是把教师个人的工作与发展放在中华民族伟大复兴的中国梦的理想框架之下，以此获得国家文化认同和民族价值认同，激发强烈的使命感和责任心。

学校成立立德树人工作领导小组，制订立德树人工作方案，通过全校教职工大会、年级例会、处室例会、教研活动、专题研讨等不同形式，把立德树人作为教书育人的行动指南，不断提升教育教学水平，优化教育教学效果。

**（二）深刻传承郑外精神**

新的三年主动发展规划中，学校再次明确发展的美好愿景——“学生按需选学、教师按需施教、高校按需选才，努力把学校建成示范郑州、代表河南、辐射全国的实验性、学术性的全国最著名中学”。

教师的成长寓于学校的发展愿景，使得自觉成长成为每个教师的主观意愿。

教师的考核是评判其成长的重要方法之一，学校倡导“四干精神”，并以此作为评价教师、职工和考核干部的重要依据。学校创设的干事创业的氛围促成了教师队伍高端建构和优化提升的新气象。

紧紧抓住立德树人根本任务，牢固树立精细化管理思想，深入贯彻五字工作方针，使教师队伍优化提升成为新的发展需求，人人争做郑外名师成为每一个郑外教师强烈的成长愿望。

## 二、尊重差异，个性发展，突出阶段

有目标、有规划，强化落实。**每一个教师走进郑外，都要首先接受新教师校内培训，了解郑外教师一年站稳、三年成熟、五年优秀、十年成名的大致成长路线图。**学校会为每一位青年教师聘请一位校内指导教师，从专业角度指导青年教师树立远大发展理想。

有平台，有榜样，学校全力扶持教师教育教学能力提升。每学期都要安排教学研究指导组成员引领课，青年教师月汇报课，学科教师组内公开课，高三学科教师高效课等，尤其是每年一届的全国著名高中同课异构展示交流活动，以及参加工作 4~8 年的青年教师赛课活动。

基本功比拼，助力教师快速成长。学校连续多年坚持组织青年教师进行不同项目的基本功大赛。比如，每年都有的青年教师做高考题，通过研究试题，来研究考试大纲，研究课程标准，研究如何做到教、学、评的高度一致。

有其责，有其得，以用代培。学校大胆起用青年教师，以用代培。比如，命制试题，承担展示课，整理教研活动的记录并反思总结，在成熟教师教科研课题中承担信息处理和辅助实践的任务等。成熟教师，尤其是学科组长、备课组长、教学研究指导组成员会自觉关注、主动帮扶。

有所研，有所带，教学相长。成熟教师、骨干教师、名师勇挑大梁，聚合身边的年轻教师，带着他们做课题。学校鼓励所有老师做小课题研究，每学期都会提供一定数量的切合学校教学工作实际的参考选题，供老师们选择和研究。

## 三、互助共生，扬长补短，和谐发展

### （一）教研共同体

学校把思想过硬、业务精湛、研究能力强、有教育理想、有胸怀、有境界的老师选聘为学科组长、备课组长和教学研究指导组成员，坚持每周进行常态化的学科教研和集体备课，强化名师的引领指导作用。依托学校省市名师、骨干教师和省市教研室中心教研组成员较多的资源优势，拓宽视野，充分挖掘教研部门的资源优势，把省市教研室专家乃至全国学科教学专家纳入我校学科建设团队。

学校依托全国知名高校启动了以学科教研共同体为基本单位的九大学科领航教师全员培训计划，拿出专门的时间对学科教师进行每人 150 学时的领航教师一轮培训。学校还开展了命题研究项目，引入难度系数和双向细目表两个技术手段，引领老师们研究高考考纲、研究课程标准、研究学生学习、研究教学评的科学性与一致性。

### （二）学习共同体

学校鼓励、支持志趣相投的老师组成学习共同体。比如，知行读书社，青年教师齐腾达、贾赫、杨进伟、刘俊亮、林聪等已坚持了数年，在读书、分享、交流、研讨中共同提高。学校也依托学习共同体组织全校层面的大型活动，比如读书节等。

### （三）发展共同体

采取项目推动的运转模式，以名师领衔的攻关或者探索项目内容为核心组建共同体。比如，河南省优秀教师王淑娟主动参与河南省名班主任吕勇老师的工作室的指导工作，围绕青年教师成长过程中的关键问题和疑难问题，聚合多方力量，排忧解难，实现教学相长。

## 四、多元并举，传承创新，综合培育

### （一）研修

通过阅读学科专业书籍和教育教学类书籍，不断拓宽学术视野，更新教育理念，完善教育手段，丰富教育形式。最为称道的是荐书制度。各个层级的名师成为学校荐书的主力军，成为教师读书的引领者。

### （二）研讨

备课组研讨，通过集体备课，研读文章，研究一节课，研究一个教学难题等常规的灵活交流形式，以提升老师们的研究能力和实践水平；教研组研讨，学科发展的重大问题，教研组集体研讨；校级专题研讨，学校通过教育论坛、论文征集等形式，引导老师们围绕具体的全校性问题进行集中研讨；校际交流研讨，让老师走进全国其他知名高中考察交流，就学校教育教学中的重大问题和有待破解的发展难题，虚心向兄弟学校请教。

郑外连续组织了四届全国高中同课异构活动，这种研讨活动参与人员多，涉及区域广，重视程度高，专家引领好，内容丰富，对老师们大有裨益。

### （三）研究

研究课程标准，把课程标准当成课程实施的标高和准则；研究考试大纲，学校积极主动为老师们搜集大纲变化的相关信息和具体解读，积极为老师们提供考纲和研究材料，拓宽渠道、搭建平台，供老师们交流研讨成果；研究学生，学校坚守差异化教学的教育理念，重视梯队建设，重视因材施教，重视分类教学和分层指导；研究课堂，学校鼓励老师们研究课堂教学课例，青年教师月汇报课，教学研究指导组成员示范课、高效课、专题研讨课、组内公开课等，都能为老师们研究鲜活的课堂教学提供资源和平台。

学校鼓励老师们为自己的课堂录音、录像，通过回放，以第三人的视角来评判、分析和研究。

**（四）课程**

校本课程开发——教师即课程，学校建立了“实验中心”“创客中心”“阅读中心”“信息中心”等四大中心，为整合国家课程与开发实施校本课程提供硬件保证。组织机构引领，健全校本课程管理机构，学校领导直接参与校本课程的实施与管理。突出外语特色，学校选派英语老师到美国、英国进修，同时聘请大量外教参与教学。课程体系优化，国家课程主要依据课程标准要求，按计划开设，同时实现国家课程校本化；校本课程根据学生发展需要有选择、分板块、分层次开设。

## 五、不断创新，质量监控，持续激励

学校努力构建多元化、多层面、多维度的教育教学质量监控体系，促进教师和学校的可持续发展。

学校实行教育教学质量三级责任制：校长对全校教育教学质量全面负责、学科教师对本学科教学全程负责、班主任对班级教育教学质量全方位负责。校内质量监控和校外质量监控有机结合。学校对教师的评价坚持“以评促教”的发展性评价思想，坚持“评价、导向、教育、提高”的评价目的，坚持用“量化的积累得出整体的可以描述的结论”的办法，即用数字化的精确过程，实现“模糊”的客观公正的效果。

## 六、校兴我荣，平台即生命

从培养对象的遴选到分层梯级培养，郑外都牢牢把握立德树人的根本任务，师德为先的根本要求，师能要强的基本标准。正如河南省优秀教师、郑外学生口中的“极难超越”的班主任王淑娟老师所言：**我是在郑外一步步成长起来的，教师要对得起学生、对得起学校，才能最终对得起自己！三个“对得起”，言语朴素、理念新颖、道理真切、效果真实。郑外名师就是这样炼成的！**

**侯清珺** 郑州市金水区文化路第一小学校长

郑州市金水区文化路第一小学党总支书记、校长，全国小学优秀校长，河南省名校长，河南省教师教育专家，河南省优秀教育管理人才，河南省教育系统先进工作者，河南省骨干教师。

# 教师协同学习共同体 赋能教师专业发展

郑州市金水区文化路第一小学是一所有着近百年文化传承的学校，在“乐享教育”办学思想引领下，学校重视教师的专业成长，全方位、多路径，培养学者型教师，营建学校“自主、多元、学术”的新生态。目前，学校已培养出以中原名师鲁桂红老师、河南省名师张伟振老师、河南省名班主任工作室主持人杨光老师为代表的省、市、区级名师五十余人。

随着学校集团化办学规模的扩大，教师队伍日渐壮大，如何点燃教师自我革命的内驱力，培养具有学习力、创新力的学者型教师？如何让优秀教师再上台阶，实现二次成长？如何由此示范、引领、辐射其他教师，带动学校教师队伍整体提升，承担起新时代立德树人的工作重任，促进学校高品质发展？这些都是新的重大的课题。

## 一、引入“基于项目的学习”教师发展策略

2016 年，在郑州市金水区教体局的支持下，学校与北京师范大学教育管理学院签订合作协议，成立了“北京师范大学‘基于项目的学习’项目研究

基地”，与北师大开展“‘基于项目的学习’课堂教学改革”的实践研究，为学校推动教师专业发展带来意想不到的收获。

基于项目的学习（Project-Based Learning, 简称 PBL）是一种学习理念，也是一种项目驱动的小组合作实践型的课程开发与教学方式。它强调学生根据具有开放性的、挑战性的真实问题，以小组合作的形式开展研究活动，产出学习成果，并将真实的成果运用在实际生活中。学生可以开展各种形式、多种层次的协商与辩论，为其思想交流和智慧生成提供了机会。教师向学生提供资源获取与利用、问题发现与解决等各方面的具体指导，在此过程中促进教师“学术能力”“创新能力”“综合素质”等多方面的提升。

基于项目学习的理念，学校在培养教师发展上创新机制，尝试以问题导向、任务驱动的方式，开展多维度、多途径、全方位、立体化的培养策略，搭建助力教师专业能力提升的“脚手架”，把培养骨干教师、教学名师作为“项目成果”。多学科教师在专家、名师的引领下组成协同学习共同体，以学习专业知识和提高专业技能为目的，围绕真实教育教学实践问题，以协同原则为指导，整合学习中各种要素进行深度学习。不同学科教师以合作完成项目的方式协同工作来设计和实施课程，打破了以往单一学科组织教学、开展评估的课程模式，促进了多学科融合，直接促进了教师专业发展。

## 二、“基于项目的学习”：教师协同学习共同体建设

学校非常重视教师的专业发展，明确以“专业发展”为支点、以“教师发展课程”为基石的发展思路，规划教师发展课程——助澜工程。通过目标清晰、维度多元的课程实施，以“教师协同学习共同体”为平台，以研究为驱动力，从政策与制度层面鼓励教师以项目团队的方式探索“基于项目的学习”校本课程改革和教学模式变革。

### （一）组建教师协同学习塔式团队

学校建构了以学术专家为塔尖，以项目组长和实践团队为塔身、全体教师为塔基的塔式结构队伍。北师大专家定点、定时采用“乐享工作坊”的形式，直接引领项目学习实践团队的 30 名核心成员进行理论学习和项目实践。工作

坊之外的时间，由项目组长带领其团队成员继续开展研修和项目实践，带动团队教师专业发展。

中原名师鲁桂红，是一名优秀的科学学科教师，如何让她再上台阶，凝练自己的教学主张，成为有知名度和影响力的名师名家？学校借助北师大的专家力量，探索打造由“学术型教师”走向名师名家的校本培养路径。

在塔式结构中，组建了不同学科、不同年龄的多元团队。**多元团队作为塔身，把实践成果和教育理念传递给塔基的全体老师，以学术的力量提高全体教师的课程领导力，引领、辐射整个学校教师，实现专业成长与发展。**

### （二）设立教师学习共同体协同发展平台

学校基于 PBL 项目实践与教师发展的互助关系，把原来零散的教研培训活动与 PBL 项目实践研究进行整合，设立了“乐享工作坊”这一教师学习共同体协同发展平台。“乐享工作坊”以“头脑风暴”和“体验式培训”为主要形式，以“团队力量”为核心理念，在北师大专家的引领下，每月开展一次学术研讨，提升教师的专业素养。“乐享工作坊”自成立以来，分别引领教师开展了“‘基于项目的学习’理论研究与项目实践”“微项目设计与实施”“‘基于项目的学习’与国家课程结合项目设计与实施”“PBL 与校本课程结合项目设计与实施”等多方面的理论学习和实践研究。

张伟振老师作为项目组长，带领团队成员潜心研究，细致安排、统筹协调每一期工作坊活动，在项目学习实践探索中向管理型名师迈进。他带领老师们进一步构建文化浸润的学校课程模式、夯实基于核心素养的学科建设、推进 PBL 项目的有效实施，助力学生核心素养的发展。他的团队成员在“产、学、研”方面立体化发展，增强了学术自信，提升了信息素养和创新能力。

**“乐享工作坊”革新了教师教育观念，提升了教师的内驱力，实现了教师专业自主发展，**使教师具有更强的合作学习意识和能力、学科融合能力、更高的信息素养。同时尊重教师学习规律，激励教师不断反思，培养教师自主、创新、高阶思维发展的能力，形成关于教育的实践性认知。

### （三）构建区域性的教师协同学习共同体

学校作为“中国好老师”公益行动计划郑州市基地校，组织带领郑州市金水区、郑东新区、惠济区十几所项目学校，借助各校名师资源开展校级研修等教师协同发展工作。学校还通过与跨地市“手拉手学校”和“友好学校”携手，探索并实践适合于不同地域、不同阶段的孩子项目学习的模式，通过区域联盟的优势，为更多的教师提供发展和展示的平台。

王黎超老师带领的项目团队，在北师大教育管理学院的牵线下，与福建省厦门市翔安区第二实验小学的教师团队建立了联盟合作关系，通过观摩彼此的名师课堂教学、陈述“基于项目的学习”教学过程和成果、研讨教师发展的经验等方式，促进了两所学校的合作交流以及教师队伍的共同成长。

团队老师带领3~6年级的学生代表到北京中关村三小参加第五届中小学教育国际会议，向来自国内外的教育工作者，呈现了一节精彩的项目学习课例——“乐享中心”教育空间设计。学生们的沉着冷静、团队精神和沟通能力展示出了我校师生的精神风貌，更体现了学校多学科教师、家长、学生之间通力合作、勇于创新的精神内核。

**通过教师协同学习共同体的研修，参与者理论水平、研究能力、表达能力得到提升，教师团队的理论素养达到了新的高度。**他们的教育视野更加开阔，向研究型和学术型方向发展的内驱力更加充沛。在近年的发展中，杨光老师被评为河南省名班主任，王黎超老师被评为河南省骨干教师、郑州市名师，团队成员马静老师也被评为河南省骨干教师。

**教师团队成员合作共生、协同共达，在学术交流中专业、自信，体会到职业的幸福，有效促进了教师个体以更强劲的动力投入专业成长中。**

## 三、“基于项目的学习”：教师协同学习共同体实施效果

随着课程改革的深入，新时期教师专业的标准发生了很大变化。教师要具有更强的合作学习意识和能力、更好的学科融合能力和更高的信息技术素养，对教师的课程领导力提出了更高的要求。项目学习团队中，以一个项目为核心，通过招募团队成员的方式，与多学科教师合作，提高课程领导力，促进教师专业素养的提升，革新教师教育观念，使教师具有更加主动开放的专业发展意识，提升教师长期坚持研究的内驱力，赋能教师专业自主发展。

“基于项目的学习”是多学科融合、真实地提出问题和解决问题，其中包含有意义的问题情境、相互协助、共同磋商、平等对话、有效合作和意义建构等要素。

教师在项目设计中需熟知不同学科在不同阶段的发展重点，为提升小学全科教师的素养、成长为全科教学名师打下基础。在项目组织实施过程中需要与不同学科的教师进行合作，这就迫切要求教师改变自身个体学习、机械学习的发展模式，与不同学科的教师进行合作。学校构建协同学习共同体，激励教师不断反思，培养教师自主、创新、高阶思维发展的能力，使协同学习共同体成为一种联结学校与社会、个体与群体的、面向教师终身学习与发展的新型教师专业发展的方法。

**基于项目的学习，其魅力不仅在于使学习者在潜移默化中学会了怎样去进行规划、管理、总结等技能，也在于在项目学习的过程中，推动教师思考如何提升演讲、明辨性思维等素养。**在项目学习的过程中，教师不再拘泥于三尺讲台，不再局限于教材和学科，而是尝试寻找快捷有效的学习资源，汲取更多更有用的知识，呈现出深度学习的成果，使得学术专业自信和职业幸福体验指数提升，形成专业发展的良性循环。

在基于项目的不断学习中，老师们动力强劲，专业发展意识、内驱力更加充沛，主动寻求发展的思想更加积极，也取得了卓越的教育实绩，在各自不同的领域熠熠生辉，实现了从普通教师到名师的蜕变。在学校的推动下，文化路一小的教师团队已成为生机勃勃的学习型组织，一批又一批的优秀教师在文一这块沃土上萌芽、成长！

**杜　俊　鹿邑县实验中学校长**

鹿邑县实验中学校长，河南省学术技术带头人、河南省中小学幼儿园骨干教师、河南省中小学名校长、周口市优秀教师、鹿邑县劳动模范，主持并参与多个国家级、省级课题研究。坚持“着眼未来，为孩子提供最好的教育，让每个孩子获得幸福和成功”的办学理念，促进学生身心健康。

# 打造名师团队　促进教育发展

名师是一所学校的中坚力量，是学校教学的引领者，是教育教学质量的支撑者，对教师队伍建设具有很大的示范引领作用和影响力。习近平总书记提出，教育工作者要做“有理想信念、有道德情操、有扎实学识、有仁爱之心”的“四有”好教师。这是对新时代教师提出的新要求，名师就是“四有”教师的杰出代表。实施名师培育计划，打造学校名师团队，促进教育健康发展，是学校管理的重要工作。

## 一、中小学名师应具备的素养及基本特征

中小学名师往往是在一定范围内颇有威望、声誉和影响力的优秀教师，以其特有的知识修养、人格魅力和教学风格，突出的教育教学效果，赢得学生欢迎、同行认可、社会好评。**概括起来，名师的基本特征体现在八个方面：深沉的教育情怀，深厚的知识底蕴，一定的教科研水平，永不满足的创新精神，优秀的团队合作品质，较高的引领、示范作用，一定的区域影响力。**

## 二、名师培养对象的基本条件、遴选办法

名师培养是一项长期、系统的工作，不是一蹴而就的事情。**学校要有规范的、富有实效的培养规划和实施方案，把名师培养作为长远发展、快速发展的工程来抓，不断培养影响更广、队伍更大、层次更高的名师团队。**为此，学校制订了《名师选拔制度》《名师培养制度》《名师奖励制度》，明确了名师选拔的基本条件、遴选办法和基本流程，制订了培养目标，培养方式，考核、评价和激励机制。名师培养对象应具备四个条件：一是具备良好的师德师风，爱岗敬业，为人师表；二是专业知识牢固，教学基本功扎实；三是教学教研能力强，课堂教学效果好，教研成果突出；四是年富力强的中青年教师，原则上年龄控制在45岁以下，中学一级教师以上。

名师培养对象的选拔办法，学校成立名师培养领导组，具体遴选程序是个人写出书面申请，学校名师工作领导组依据其教研成果、教学效果、说课评课，综合考评，最终确定校级名师培养对象，面向校内外公示。学校推荐市、县级名师参评人选，从校级名师中择优推荐。学校在《名师培养实施方案》中规定，校级名师荣誉为期两年，到期后重新考评，不能完成考核目标的取消其校级名师资格。

## 三、名师培养的策略与路径

名师的发展和培养，既有个人因素，也有外部因素。首先教师本人具有自我发展的强烈愿望，有对教育职业的崇敬和教师本身价值的追求，有对个人的品格修养、专业发展、能力提升的不断努力，还要有好学上进的品质等，这些都是名师培养人选最关键的内动力。其次学校各种管理体制的制订，教师工作环境的创设，平台和资金的支持等也决定了名师培养的质量和进程。

### （一）政策支持——制订名师培养机制

**学校是教师成长的沃土，要给名师培养对象提供充足的阳光、水分、营养，让他们能健康发展，快速成为学校的教学名师。**一是制订名师培养计划。规定名师的培养目标、培养方式、培养途径、资金支持、激励机制等，明确名

师的责任和义务，应发挥的作用与影响，使名师培养工作规范有序。二是给名师培养对象提供必要的资源。规划资金购买资料，比如教育心理学理论书籍、名师课堂、优秀课堂案例、学术性报纸杂志等。建立名师工作室，改善办公条件，创设舒适环境，便于开展教研和交流活动。三是提供必要的学习经费。外派深造，跟岗学习，聘请专家讲座，走出去请进来。四是制订激励机制。定期对名师进行考评，根据教学效果、教研成果、学科带动成效等，给予优秀者以奖励。

**（二）培养途径——落实培养六个环节**

师徒结对，实施“青蓝工程”。实施“青蓝工程”就是要发挥优秀教师、骨干教师的作用，让优秀教师、骨干教师成为名师培养对象快速成长的榜样人物。新教师自己选择师傅，然后签订帮带合同，开始为期一年的帮带工作。师徒相互听课、评课、研课、磨课。在经验丰富的老教师的传、帮、带下，新教师能迅速成长，有的年轻教师已经成长为基本功扎实、教学特色鲜明、风格独特的骨干教师，有的已经成为学校的名师。

**专业指导，提升理论水平。听专家讲座、聆听专家点评，对提高教师教育教学水平至关重要，这也是名师培养中提升理论水平的重要环节。**我校经常组织教师参与专业培训，不仅聘请本地教研机构的专家到校讲座，还经常聘请外地教育专家对名师培养对象进行培训，提高思想境界，提升理论素养，快速促进教学技能提升。

开展研课、磨课，提升科研能力。研课、磨课是教师间共同就课堂中的问题提出看法或建议的学习型研讨过程，是过去听课、评课的升级版，是教师对教学理念、教学方法、教学技能的新认知，是对课堂教学进行观察、分析、诊断的教研过程，也是提高教师课堂教学能力、促进教师专业发展、提升教师教科研水平的有效途径，更是名师培养的必备环节。学校把研课、磨课作为教研工作重点，常态化开展活动，推进教研向纵深发展。

跟岗实习，快速提升综合能力。跟岗学习是一种基于真实情景的体验式个性化的培训，兼有师徒式传帮带优点的学习方式，跟岗培训给名师培养对象提供了专业的成长机会和交流平台，让他们走进名校、深入名校，与指导教师深度交流，系统学习他们的教学理念、教学风格、教学艺术，快速提升跟岗教师的理论水平和实践能力。

公开课展示，提升实践能力。教师以讲好课为根本，公开课是教师教学能力、教学艺术、教学风格的集中展示，在名师培养中扮演着重要角色，也是教师成长中的里程碑。学校把示范课、公开课、优质课作为常态的教学教研活动，也是成就名师、骨干教师的平台。

反思交流，丰富实践经验。**反思是最好的提升，总结是最好的发展。学校把反思交流、经验总结、编写反思笔记、撰写教学论文、参与课题研究作为名师培养对象专业发展的重要途径。**

## 四、名师的作用及影响

### （一）名师引领，打造优秀教师团队

几年来，学校通过名师团队的引领、示范，以名师为点，骨干教师为线，青年教师为面，着力打造了一支业务水平高、教学能力强、合作意识强的教师队伍。

引领教师敬业奉献。名师严于律己、爱岗敬业、求真务实、追求卓越，其名师形象感染了其他教师；名师虚心好学、互相包容、积极进取，是教师的标杆。

促进教师专业发展。名师积极推进教师队伍专业发展，引领其他教师明确教学思想和教学理念，并对教师进行专业知识、专业技能培训，促其掌握教学规律和教育方法，提升教学和教研能力。带领教师成为学科的专才、育人的行家里手。

引领教师乐业施教。名师安心乐道、乐业好施，对教师产生积极影响。名师通过言传身教帮助教师增强职业幸福感和荣誉感，在稳定教师队伍，保持乐观、豁达心态，增强职业信念，安心从教方面起到了引领作用。

### （二）名师引领，促进学校高质量发展

**有一名好教师，就会有一门好学科。有一支好队伍，就会有一所好学校。**

（1）名师的示范引领整体提升了教师队伍的专业化水平，使教师专业知

识更牢固，基本功更扎实，教学经验更丰富，更好地从事教学工作。

（2）在名师的引领下，学校不断推行教学改革，创新教学方法，打造高效课堂，开办智慧课堂，实现了传统课堂与信息技术的融合，提高了教学效率。学校积极推行课改，探索实施了“三段六环节”教学模式，即自学（预习＋质疑）、互学（探究＋展示）、群练（检测＋反馈）。

（3）在名师的引领下以研促教。通过研课、磨课，开展公开课、示范课、优质课评比活动，开展名师课堂、优秀课件、优质教案、优秀论文及反思、优秀课题研究等评选活动，提升教师的科研水平，提高课堂教学效果。名师引领教育教学质量明显提升，每年的中招成绩以及教研室的调研评估综合考评，我校均居领先地位，深得社会好评。

**（三）发挥名师影响力，建立区域品牌学校**

以名师之“名”建立县域内品牌学校。名师之名在于教学理念新、教学能力强、教学有特色、教学有成就。以名师优质服务树立县域内品牌学校。发掘名师资源，经常送教下乡，师徒结对，为乡村教师跟岗培训，开通专递课堂，多校同步教学，示范引领。借助名师工作室，发挥名师的合作、引领、示范与辐射作用，加强区域学校合作交流，打造一支区域的骨干教师队伍。借助网络媒体，扩大名师影响力。比如线上名师课堂、名师在线辅导、名师线上教研等，扩大名师与学生、家长、教师的交流，从而提升名师的影响力、扩大学校的知名度和美誉度。

总之，注重名师培养，打造名师团队，挖掘名师潜能，发挥名师影响力是学校的重要工作，也必将促进学校教育教学的全面发展和教学质量的快速提升，从而为基础教育发展做出更大贡献。

**姜冬玲** 焦作市实验幼儿园园长

焦作市实验幼儿园园长，华中师范大学教育硕士，中小学幼儿园正高级教师，河南省特级教师，河南省中小学名校长，主持的《区域活动对中班幼儿自主学习能力发展作用对实践研究》获得2017年获河南省教育科学研究优秀成果一等奖。

# 建设幼教名师队伍，促进幼教事业发展

“所谓大学者，非谓有大楼之谓也，有大师之谓也。”名师对高等学府发展的重要性如此，对幼儿教育发展的重要性亦如此。这是因为幼儿教育是教育的起点，是人生教育的基础，更是立身做人的基础。**一个人要想具备健全的人格、高尚的情操、远大的理想，就必须重视幼儿教育；一个国家、一个民族要想获得持久的发展动力和发展优势，就必须重视幼儿教育，重视幼儿园教师队伍的建设，重视幼儿园有影响力的名师培养。**

焦作市实验幼儿园深刻认识到教师高素质、名师影响力对高品质办园的重要意义，围绕阳光教育办学理念，以“和谐活园，质量立园，特色强园，科研兴园，名师扬园”为治园方略，坚定发展教师就是发展幼儿园的方针，不断完善名师培养机制。

一是根据教师发展水平将本园教师分为四个层次，即入格、定格、升格和风格，实施“分层培养”，通过建设一个教师学习共同体，实施名师工程和青蓝工程两项工程，考、评、赛三大活动，学习、实践、研究、反思四维联动，帮助新进教师入格，入格教师定格，继而通过承担班主任和市级以上赛课类的实践活动升格为省名师，进一步在课题研究、举办讲座、做示范课等活动中成长为有个性风格的中原名师、卓越教师。二是重点通过专家引领、园本研修、课程改革、课题带动、团队建设等途径，支持帮助教师逐渐持续发展。三是加强组织领导、健全工作制度、保障经费、突出激励评价，全面促进名师脱颖而出。幼儿园是师幼共同成长的乐园，“一日活动”是师幼成长的沃土，科学的名师培养机制是浇水、施肥，激励了一大批老师在实践历练中成长为各级名师。其中，张玲玲被授予中原名师，李媛媛等 16 名老师被评为省名师，李丽丽等 25 名老师被考核认定为省骨干教师，李素芳等 6 名教师成为省学术技术带头人。这些名师奠定了教育高质量发展的专业高地，并辐射带动河南省更大区域内幼教事业的健康发展。

## 幼教，纯真本心，爱生如子，师德信念铸魂名师，发展素养

信念是天，正如习近平总书记所言：“心有所信，方能行远”。被授予“中原名师”的张玲玲，其成长过程，不仅仅是时间和经验的积累，更是其修身立德、孜孜不倦的追求。

**“爱”是幼儿教育的主题词，是幼儿教师之魂。**张玲玲老师对孩子的爱源自她的纯真本心，她本能地热爱幼儿园的每一个孩子，把每一个孩子都当宝贝。每天早晨，她用大大的爱心和轻轻地拥抱迎接每一个入园的孩子；安抚情绪、照料幼儿的吃、喝、拉、撒、睡、洗、玩、乐、学，培养习惯，引导自立，耐心细致，从不厌烦；每天傍晚，又将每一个孩子安全地交到家长手上。数年如一日。张玲玲老师这种对幼教工作的专注，对幼儿的热爱，既源于自我要求，更有家学渊源、家风传承。初为幼教人时，身为老教育人的父亲曾为她出了一道选择题：“有威信的老师、智慧的老师、幸福的老师、有德行的老师，你选择做哪一个？”她思考良久，决定做“有德行的老师”！德行是智慧之巅，有德行的老师自有威信，必当幸福。她认为教师的德行就是以中华民族复兴为己任、以教育为己任，为幼儿后继学业和终身发展奠基。父亲的言传身教，耳濡目染，为这位年轻的幼儿教师打上了高尚的教育底色，让她自觉地与祖国的发展、幼儿的成长融为一体，在幼教工作的起点便站在

了“立德树人”的高度。做有德行的教师，这一坚定信念始终激励她在幼教路上不断爬坡过坎，向上攀升。

## 文化浸润，潜心教学，致力教研，在新时代区域幼教高质量发展中成长

**问渠那得清如许？为有源头活水来。教得好首先要学得好。**扩大视野，才能高瞻远瞩做好幼教。从普通教师到骨干教师，从省级名师到中原名师，张玲玲老师的每一步成长都离不开自主学习这个重要的途径。藏书丰富的园图书室是她闲暇时出入最多的地方；将自己的“思想活体”放进去，把保教中的疑问弄明白，登堂入室，深味幼儿教育的奥妙，获得教育生命的力量，是她阅读的兴趣；博览政策法规类、教育学、心理学、哲学、课程建设、教师成长、课题研究等书籍，为的是让自己有大视野、大格局。

新时代幼儿教育课程改革也为名师成长提供无限发展的空间。一次户外活动，张玲玲发现，班级孩子对运动区刚投放的曲棍球非常感兴趣，孩子们在玩中遇到许多问题和冲突：“不知道怎么玩？”“没有规则谁都玩不好”“怎样才能把球射进门？”“怎样能控制球”“怎样比赛记分？怎样分工合作？”在孩子们的诸多问题和冲突中，她带领班级老师开始和孩子们一起收集资料，了解曲棍球比赛的方法和礼仪，设计分解动作及相关的平衡性、灵敏性，练习射门、控球，针对幼儿分歧开展辩论和谈话，设计奖牌和奖杯等系列活动。在推动幼儿深度学习过程中，将幼儿学习、生活、运动、游戏融为一体，幼儿自主意识获得充分尊重和释放，展现了健康、语言、社会、科学、艺术等五大领域相互渗透的生态课程魅力。

在张玲玲的示范引领下，幼儿园广大名师积极带领老师们与幼儿共同设计了春竹、小蚂蚁、光影、跳绳、曲棍球等项目课程，舞龙舞狮、春夏秋冬等主题活动，开展了春节、端午等传统节日综合课程，分发报纸和加餐、喂养小动物、护养树木、“我是安全员”等小公民课程。老师们逐渐掌握了从幼儿生活的大自然和大社会中剪裁、塑造活教材的方法，树立了自主、热情、坚强和有学习能力的儿童观，教、学、做合一的教育观，广义的幼儿学习观，

生活、生长、生成、生态的课程观，各层级教师在实践锻炼中都获得快速发展。李丽丽老师六年前到幼儿园工作时，先是在青蓝工程中获得省名师史粉霞的悉心指导，一年后成为入格教师，开始参加幼儿园优质课、区域游戏等各种业务活动，并成长为胜任保教工作的定格教师，继而在班主任平台和名师工作室锻炼，2019年在集体教学——“画竹”写生活动中荣获市优质课一等奖，同年在河南省教师基本功大赛中获得一等奖，2020年又被评为市优秀班主任，升格为省骨干教师。

## 典型引领，厚积薄发，质量提升，名师辐射，助推大区域幼教名师队伍成长壮大

在张玲玲看来，党的教育方针及关于教育的大政方略都要通过学校教育和每一名教育工作者落地生根。**自己肩上扛着孩子幸福的童年和国家民族的未来，使命光荣伟大。**因此，她心中充满了无穷的力量和激情，始终冲在各种教育工作任务的前方，快乐奉献。2012年4月，郑州幼专邀请她作《走向科学、艺术、有效地保教》的讲座，因为特殊原因，只有三天的准备时间，但她硬是在不耽误园内诸多工作的情况下，圆满完成了授课任务，获得了听课学员的高度认可。她说：“我把这样的临时任务当作是对自己能力边缘的挑战！”可谓下得苦功夫，方有真功夫。在她带领下，本幼儿园省名师都成了讲师团成员，并发挥自身优势总结提炼了面向家长、国培学员、各层面教师的30个主题的专题讲座。她的《小班幼儿年龄特点和学习方式》《幼儿习惯培养》《引领孩子爱上绘本》等十多个专题讲座早已让很多家长和幼儿教师受益。

2017年5月7日~8日，张玲玲名师工作室开展的“区域材料的磨教研”学术研讨活动，除了本园教师和工作室成员外，又吸引了来自开封、郑州、三门峡、濮阳等地的6家省级示范园园长及骨干教师。名师工作室教师逐一“说材料”，对六种科学区域材料的选择、设计进行了说明，参会教师就材料的适宜性各抒己见，提出自己的困惑和建议，执教教师及时对方案进行调整、完善。随后大家分组“玩材料”，即预操作。在预操作中进一步感受材料的

适宜性，并进一步讨论调整方案。老师们分组观察幼儿操作材料行为，整理资料、小组讨论，通过观察者的反思、整理、相互印证和共同讨论，以求对幼儿活动历程的整体把握和理解，进而产生表现性评价，并且在评价基础上产生课程决策，即判断材料的适宜性与调整策略。至2019年底，在河南大学教科院朱细文教授全程指导下，张玲玲名师工作室组织焦作市各幼儿园教师代表和名师工作室成员300多人次开展6次“区域材料的磨教研”学术研讨活动，提升了工作室的专业性、示范性和引领性，展示了名师风采。聚焦主题选定研修内容，创新研修模式，完善民主、开放、高效的研修机制，有效助推了河南省、焦作市诸多幼儿园教师专业发展。

立德树人，任重道远；名师风范，山高水长。高品质办园是我园矢志不渝的追求，高素质的幼教队伍建设是名师工作室建设的基础和保证。为党育人，为国育才的使命，让我们更加深刻地理解幼儿教师发展的重要意义和价值。依托名师工作室，立足园本，我园形成的主题教育活动课程、项目活动课程、毛虫绘本阅读课程、探究科学课程、强身健体运动课程等阳光课程为很多幼儿园借鉴。以张玲玲老师为代表的三位名师受邀与焦作师专教师合作编写大中专院校教材，在中文核心期刊和CN专业杂志发表20余篇论文，多项课题研究成果获得省市级一等奖。张玲玲名师工作室也发挥了区域教师培养的基地、名师展示的舞台、教学示范的窗口、科研兴教的引擎和教育改革的论坛的作用，打造区域性教师发展高地。焦作市实验幼儿园也被授予全国教育系统先进集体、全国巾帼文明岗、河南省文明单位等荣誉称号。

**吴振民** 河南省实验中学校长

河南省实验中学校长，河南省特级教师、河南省优秀教师、河南省教育厅优秀教育管理人才。曾获得“河南省学术技术带头人”“河南省教育专家”“河南省文明教师”等荣誉称号。

# 中原厚土育精英，腾蛟起凤蕴深情

庚子之春，新冠肆虐；实验学子，众志成城。2020 年 2 月 11 日，听说家乡河南的疫情形势严峻，身在美国康奈尔大学读博的河南省实验中学 2011 届校友杨尧心急如焚，想尽一份力量回馈高中母校。他立即联系同学、校友，一起发起募捐，国内外的同学、校友为母校河南省实验中学捐献了 2500 个口罩和 20 个护目镜……2020 年 5 月，我校 2004 届初中校友，2006 届、2007 届高中校友共同为母校捐赠了 7 万只防疫口罩……

这就是从河南省实验中学毕业的学生感恩母校的生动缩影，更是这所知名中学注重德育、铸魂育人的教育体现。

## 实验厚土，英才辈出

2020 年 4 月 28 日，身在美国康奈尔大学读博的河南省实验中学 2011 届校友杨尧同学向母校报喜——他拿到了康奈尔大学化学系博士毕业生最高荣誉 Wentink Prize，而这样的荣誉每年仅有 2 个。

像杨尧这样的优秀学子，河南省实验中学还有很多很多：1986 年为中国夺得第一枚国际奥赛金牌——国际数学奥林匹克竞赛金牌的方为民；1985 届毕业生、中科院院士、西湖大学校长施一公；2014 届毕业生、北京市服务和保障新中国成立 70 周年庆祝活动先进个人、首都大学中职院校优秀基层团干部马慧一；2018 届毕业生、2018 年高考郑州市理科第二名、北京大学优秀学子贺灿春；2018 届国际部毕业生、“全国最美中学生”，目前就读于威斯康星大学麦迪逊分校的祝孟文；2019 届航空实验班毕业生、北京大学与空军航空大学联合培养的双学籍飞行学员倪焜峰……他们以斐然的成绩展现着实验学子的熠熠光彩，也体现着河南省实验中学这方厚土的育人之力。口碑享誉中原大地，成就写满五湖四海——这就是英才辈出，桃李天下的河南省实验中学。

## 踏实学风，执着精神

**“异想天开、脚踏实地”，正如我校校训所言，河南省实验中学培养的学子既要敢于梦想、执着追求，又能脚踏实地、勤奋拼搏，这是省实验的文化和精神。**正因为具有这样的底蕴精神、文化基因和价值追求，一代代实验学子才书写出了时代华章，成就了精彩人生。

我校的优秀学子杨尧就是这样一个踏实、敢拼能拼的人。高中三年，杨尧不是在教室，就是在去教室的路上，而且还是跑着去的。清晨，杨尧很早就开始在教室里背书。他的记忆习惯是出声地背、大声地背，于是空荡荡的教室里瞬间就被他的背书声填满。下课铃响，吃饭时间到，杨尧一定是拎起水杯冲出教室，飞奔到食堂，飞快地塞下这顿饭，然后一边抹嘴一边跑回教室，怀抱水杯，瘦小的身子在宽大的衣服中晃动。晚自习下课，杨尧往往还在教室完成自己的自习任务，一直到宿舍要锁门熄灯了，他才会夹着两本书跑回宿舍……如此勤奋刻苦的杨尧在深刻践行“异想天开，脚踏实地”校训的河南省实验中学的培养下，用惊人的自律、始终如一的坚持成就了越来越完美的自己，最终取得一系列耀眼的成绩。

2018 届优秀毕业生贺灿春同样如此。12 岁那年，她成为河南省实验文博学校第一届初中生，经过三年的刻苦努力，她选择在省实验继续高中学业。

进入高中后，出于对自然科学的兴趣，她在学校开设的数学、物理、化学、生物、信息这五门学科竞赛中选择了物理竞赛。然而，刚开始的竞赛学习令她手足无措，思维的深度和计算的难度是普通高中课程无法比拟的，每当看到一张张空白的卷子，她内心的沮丧也会一点点蔓延。但她追梦的心没有放弃，她在挫折面前一次次站起。她努力思考和探索，在慢慢掌握一些基本概念和方法技巧后，逐渐找到了“题感”。**多少次她与同学探讨问题、各抒己见，多少次遨游题海、灯下苦读；多少次为了上课而东奔西跑、早出晚归；多少次在实验室里经历春秋与冬夏、光亮与黑暗的循环。**最终，她获得了河南省物理竞赛一等奖的荣誉，还以高考702分、郑州市理科第二名的成绩顺利进入自己理想的学府——北京大学。

而2019届毕业生倪焜峰则有着既相同又不太相同的省实验生活。高一军训时，老师和教导员就告诉他，身为航空班的一员，身为一名准军人，应该拿出更加昂扬的姿态以更高的标准要求自身。于是，军训中，他咬紧牙关端腿，用力砸地甚至不惜失去平衡；学习中，他因为一道令人挠头的数学题而深夜不眠……在军事训练和文化课学习的双重压力面前，他咬牙前行，坚持求索，既展现了实验人的拼搏精神，也呈现了军人的精神风貌。最终，他和另外四名同学一起，凭着坚毅和执着，更是凭着实验人骨子里的坚定和笃实，昂首迈进北京大学、空军航空大学联合培养双学籍飞行学员的神圣殿堂，为强军梦、中国梦贡献青春的豪情和无悔的奋斗。

## 全面育人，多元发展

作为一所注重学生全面发展的学校，河南省实验中学在保证高质量课程教学的同时，还提供了丰富多彩的“第二课堂”：百花齐放的社团、浓厚的文艺体育氛围等。学校普通教育、竞赛教育、国际教育、艺体教育、航空教育、民族教育等特色纷呈，办学水平不断提升，教育教学成果丰硕。

我校2014届毕业生、清华大学金融学硕士马慧一就曾经是一名艺术特长生。读高二那年，学校举办了校园歌手大赛，一直以来都对唱歌很感兴趣的她鼓起勇气报名参加了比赛，并取得了不错的成绩。那次比赛让她看到了自己在声乐方面的潜力，也让她树立了信心。结合自己的实际情况，她选择了艺术特长生这条道路，最终以优异的成绩通过了清华大学和浙江大学的艺术专项与文化课考试，并同时获得了两所学校的降分录取资格。正是省实验这样开放多元的环境，让马慧一能够更优秀、更全面地发展，开拓无限的可能。进入大学后，在学习本专业课程之余，在文艺方面的特长也让她有能力参加清华校园中的各种活动，并在其中收获了许多课本以外的实践能力。2017 年，她作为两岸三地大学生代表登上央视春晚的舞台，和成龙一起演唱了《国家》；2019 年，她作为清华合唱队的一员在瑞典哥德堡获得了世界合唱大奖赛的金奖。回想往事，她充满深情地说："回想起在实验操场上的校园歌手大赛，是这样的小小舞台，孕育了我走向更大舞台的梦想。"

2018 年毕业于河南省实验中学国际部的祝孟文对此有同样深刻的感受。高一时，他虽以总分第一名的成绩考入国际部中加班，却能时时感到全新的教学模式和纯英文语境所带来的压力。与传统教育不同的是，国际部的学习生活总是非常自主和独立，由外教提供充足的学习资源和讲解，带领学生们讨论学术问题，布置五花八门的作业，并定期小考来评定学生的学术水平。除了每天完成学校课程之外，他还会抽出大量时间准备托福、SAT、AP 等考试，并且用两个小时练习钢琴，一个小时长跑……在老师和外教的全力帮助下，他的学术能力快速提高，取得了相当不错的成绩。他曾经这样深情地感恩自己的母校："河南省实验中学作为我的母校令我骄傲。一所优秀的学府从来都不只是培养一种类型的人才或是千篇一律的能力，省实验所提供给学生的成长和受教育机会总是十分全面的。"

河南省实验中学设有理科竞赛班、宏志班、足球实验班、国际部、航空班等特色鲜明的班级，不拘一格，多样发展，对河南基础教育发展提供了良好的样本。这些班级藏龙卧虎，培养的学生深受各大知名高校和科研单位的好评，其中不乏未来祖国发展的中坚力量。国际部每年为美国哥伦比亚大学、加拿大多伦多大学等世界一流大学输送大批优秀毕业生；2018、2019 年两届航空班共为空军航空大学输送近 90 名优秀飞行学员，其中 7 名同学获得清华、北大和空军航空大学双学籍；校运动队每年有 80% 以上的同学考入"双一流"

高校。

## 乌鸟反哺，桃李含情

**一所名校，带给学生的绝不仅仅是成绩的提升，还有综合素养的培养，更重要的是学生人格的健全和德行的完善。**2017 年 11 月 18 日的省实验，银杏叶黄，秋意浓浓。上午十点半，我校 2007 届校友、“饿了么”副总裁罗宇龙应邀回到母校，在报告厅为高一年级学生呈现了一场别开生面的生涯讲座。本次讲座是我校生涯教育的一种特殊形式，旨在帮助同学们合理地规划自己的学业生涯。罗宇龙回顾了自己的求学和创业历程，他笑称自己的求学经历为“非典型生涯”，但同学们仍从学长的幽默讲述中认识到专注、自律和勤奋努力的重要性。

优秀的省实验学子，在毕业多年后依然热爱着母校、感恩着母校、回馈着母校，他们以实验人特有的责任感和使命感为母校的发展建言出力。连续六年回母校举办讲座、不忘教育初心，葆有赤子之心的施一公校友；为母校捐赠圭表的省实验 2010 届初中校友；考入空军航空大学的首届航空班毕业生回到母校，重温母校情、再叙师生谊、共话飞行梦，还带来了空军招飞局对学校的衷心感谢和深切祝福……

**真情系母校，薪火永相传。对省实验学子来说，省实验的三年时光是他们最懵懂、最青涩，又是最拼搏、最热血的青春年华。**这座培育了一代代莘莘学子、国之栋梁的校园承载了他们对知识的渴求、对祖国的热爱和对未来美好生活的无限向往。“潮平两岸阔，风正一帆悬”。河南省实验中学正昂首阔步地走在河南省基础教育发展的前列，以她的博大、担当、丰厚诠释着河南省基础教育的美好明天。

**韩　松** 郑州市第一中学校长

正高级教师，郑州市第一中学校长，河南省人大教科文卫委员会委员，河南省第七届省督学。全国优秀教育工作者、河南省教育系统先进工作者、改革开放40年河南基础教育十大突出贡献人物、河南省教育厅学术技术带头人。

# 爱善滋雨露　桃李竞春风

“十九大”召开前夕，教育部组织“院士回母校”活动。2017年9月14日，郑州一中迎来了1968届毕业生、中国工程院院士苏义脑。苏义脑院士在分享自己的读书治学、报效祖国的人生经验时说，“在郑州一中，老师常说学习要生动、活泼、主动，要动脑筋多思考，注重学习方法；老师总是鼓励我们开拓思维、一题多解。我想，我的钻研精神就是在那时养成的。直到现在做科学研究，郑州一中教给我的学习习惯、思维品质和人文情怀，依旧对我大有帮助”。

苏院士认为自己人生成就的源头在郑州一中，一中精神至今仍伴随着他继续前行！

2017年11月14日早晨，我在清华礼堂准备开会，一位行色匆匆的清华学生找到我，说自己是一中学子，听说母校的校长来清华大学开会，特意赶来见面。在聊天中得知，她叫葛霄飞，2013年从郑州一中初中部考进郑州一中生物竞赛班，高二时参加全国生物决赛，位列第九，保送至清华大学，师从施一公教授。她说，是郑州一中点燃了她的人生梦想，让她获得了探索未知世界的勇气和力量，如果她能长成一棵参天大树，那么郑州一中一定是她根植的沃土！

这两位年龄相差超过半个世纪的一中学子，穿越烟尘，遥相呼应，生动诠释出历久弥新的“一中情结”！**这情结，是对历代一中人勤奋好学、精雕细刻的务实精神的回应；这情结，让我们看到历史对这所与中华人民共和国同岁的学校的礼赞。**

## 成长：青春已赋凌云志

2019 年 7 月 6 日，清华大学邱勇校长在研究生毕业典礼上发表题为“丈夫秉壮节，自信无终穷”的演讲，特别介绍了一位叫倪兵的毕业生。邱勇校长说，作为清华大学特等奖学金获得者、化学系博士生，倪兵同学坚持每周 6 天、每天 12 小时刻苦钻研，在超细纳米材料的研究上取得了独创性成果，未来他将继续在科研道路上“做别人没做过的事情”。这里提到的倪兵，是郑州市第一中学 2010 届毕业生，他 2009 年代表郑州一中参加第 23 届全国化学奥林匹克竞赛并夺得金牌，被保送清华大学。

高中学习期间，倪兵最喜欢做的事有两件，一是沉浸于书海，二是泡在实验室做实验。他觉得学习和探索未知领域是一件非常快乐的事情。对他而言，每周 6 天、每天 12 个小时泡在实验室里做实验不是沉重的负担，而是乐趣所在，也因此，大学期间，他研读文献 5000 多篇，进行实验 5000 多次，以第一作者身份发表 SCI 论文 8 篇，就变成了一件自然而然、水到渠成的事情。

倪兵同学是万千郑州一中学子的典型代表，经过三年一中的学习生活，他们目标清晰、品质卓越、成绩优异，带着“独立自主、追求卓越”的一中精神，迅速成长为凌云之木。

**郑州一中把“海阔天高，鱼跃鸟飞”内化为自己的办学文化，努力让学校成为学生自由成长的天空，成为自由快乐遨游的海洋，成为唱出高潮和精彩的舞台，最终让不同层面的学生都能得到最大化的发展，都能奏响自己生命的幸福乐章。**

## 教化：爱善兼施育栋梁

从建校之初提出“自学辅导教学法”，到20世纪60年代数学教研组的“学生数学竞赛擂台”；从20世纪80年代以培养新世纪人才为己任，注重学生的素质培养和人格塑造，到20世纪90年代高扬素质教育的大旗；从20世纪初逐渐形成的以保护学生积极性、充分尊重学生个性差异为基础，以“独立、自主精神”教学理念为指导，以个性化发展为趋势，以激发学生学习兴趣为目标的课程教学体系，到近十年来开展的“主体课堂”“自习课堂”“卓越课堂”建设等系列彰显自主精神的教学改革活动，倡导学生“自主学习”的理念贯串了学校70余年的发展历程，从未间断。

在课程建设上，学校整合课程资源，实施因材施教，强调在全面发展的基础上突出特长，为此，学校重点建设了三类特色课程。

一是卓越课程，旨在为学有余力的同学提供更大的自主学习平台。经过几年的建设发展，学校积极回应时代对高中教育的需求，成立了以培养基础学科顶尖人才为目标的院士班。2019年9月，中国科学院院士、我校1968届校友张统一，专程回母校为院士班揭牌，并对一中学子寄予厚望。学校也以此为契机，进一步强化卓越课程建设，为国家基础科学研究输送更多后备力量。

二是大学先修课程。郑州一中是中国大学先修课理事会成员。2019年暑期，由清华大学牵头的九所知名高校计划进一步创新高中高校协同育人机制，把郑州一中作为试点，打算在我校建立大学实验室，届时大学教授会定期来到我校指导学生，从高一时期就开始培养学生的自主发展意识、创新精神、动手能力。这种协同育人机制将为学生提供更多自主学习空间，进一步提升我校课程育人的强大合力。

三是奥林匹克竞赛课程。郑州一中是奥林匹克竞赛的传统强校，竞赛课程成绩显著，自中国组团参加世界奥林匹克竞赛以来，学校共有12人摘取国际金银牌，其中9金3银，100余人夺得全国金牌，2000余人获得省一等奖，在全国处于一流水平。通过竞赛课程，一大批学生进入基础科学领域并取得显著成就。学校培养出以两院院士、杰出科学家为代表的大批知名校友，为国家发展贡献了积极力量。

## 课堂：日新吾新习自主

长期以来，我校始终持续深入探索基于学生自主精神培育的课堂学习样态。2009 年 9 月，学校开始实施“主体课堂”教学改革。“主体课堂”着眼于学生自主参与学习的强度和深度，把学生学会学习作为课堂教学的唯一目的。在主体和主导中确立“主导围绕主体、主体为核心”的课堂教学格局，教师的主导作用是：激活学生学习所必需的原有认知体验，规划学习区域和提供恰当的学习资源，进行针对性的学习效果评估和反馈，促进学生对知识进行适度的主动迁移。

“主体课堂”以“培养学习能力为出发点，以形成学习素养，提升学业成绩”为路线图，以“1+3 教学环节”为基本样态。“1”指的是教师课前编好学习指导书；“3”指的是课堂上的“自学、研讨、精讲”三个环节。

学习指导书不预设教学情节和方案，而是让学生在参照学习指导书自学的过程中产生和发现问题，这些问题是研讨和精讲的对象，并在研讨和精讲中逐步得到解决。课堂研讨不限定研讨范围，不指定研讨内容，不规定研讨的答案。精讲环节，教师讲授的内容由两部分组成：一部分是教师根据教学经验、学习的认知规律、学科知识结构的难易预设的内容，另一部分是学生研讨中产生的内容，突出以学定教，教师的教基于学生的学。

主体课堂要求把学习时间还给学生，突出了学生的主体地位，学什么，怎样学，学到什么程度，是否达到预定程度等问题都在教师指导下由学生自己参与其中，真正明晰了学习的过程和要素，形成自己发现问题、分析问题、解决问题的意识和能力，从而从根本上转变学生的学习习惯，变“喂食”为“觅食”，从而达到培养学生自主精神的目的。

## 传承：来年更有新生者

郑州一中 2001 届毕业生梁萌说，她因为当时在一中的某个榜单上看到了榜首是一位被保送至清华大学的女生，从而坚定了报考一中的信念。在一中学习三年后，她也如愿通过数学竞赛保送到清华大学。二十年之后，梁萌在北京参加一个斯坦福大学的活动，活动中遇到了一位美丽干练的同行，聊起来发现竟然是清华和一中的双料校友，当她得知学姐的中文名字时，她告诉这位学姐，正是这位学姐当年的强大影响力，改变了自己整个高中的选择和以后的人生轨迹。

同样，几年前梁萌在摩根士丹利就职的时候，在北京和国内一家大型金融机构洽谈业务，会后谈判桌对面的一位女士突然走过来对她说："学姐，我也是郑州一中毕业的，高中时代你是我的榜样，后来我也考上了清华大学经管学院。"

2019 年 9 月，在郑州一中成立 70 周年之际，学校组织了一场校友代表座谈会。座谈会上，第三届"中国十大女杰""全国三八红旗手"，我校 1960 届校友胡大白发表感言，当年一中教育她的笃学奋进、追求卓越的精神品质，给她后来的人生发展提供了巨大的动力和支持。同时，她还代表儿子杨保中（我省首枚数学奥林匹克竞赛国际金牌获得者、我校 1992 届校友）宣读给母校 70 华诞的贺信。胡大白说，母子同为一中人，此中缘分一生难求。

**的确如此，这些看似不可思议的机缘巧合，恰恰就是一代又一代一中人和母校的缘分。**郑州一中人，是他们共同的标签，也是他们永恒的纽带！江山代有才人出，相信未来，一中人和一中人的缘分会更精彩、更美妙。

## 回响：长得桃李竞春风

2019 年 4 月，一位家长在孩子毕业后特意给学校写了一封感谢信，信中写道，"我的孩子很爱他的学校，学校给了他自信并且保留了他身上的枝枝蔓蔓，让他在疲惫的学习生活中能够一直保持快乐，也让他在离开了老师和家长的监督时，仍旧对学习保持高昂的热情，所以他很爱他的学校。现在孩子考进了一所非常理想的大学，并且在大学也有着突出的表现"。

郑州一中一直致力于构建一座学习的乐园，在这里，学习是一件值得热爱的事情。就像天空从未拒绝任何一只飞鸟，大地从未遗弃任何一株小草，一中一直用心呵护每一位热爱学习的学生。

**王丽娟** 郑州外国语学校校长

郑州外国语学校校长，河南省特级教师，河南省学术技术带头人、河南省三八红旗手、河南省中小学幼儿园教师教育专家、河南省教育系统先进工作者、郑州市五一劳动奖章获得者、河南省中小学名校长，郑州市十大杰出女性、郑州市专业技术拔尖人才。

# 让梦想多一种可能　让生活多一份温暖

## ——郑州外国语学校的育人之道

一位已高中毕业多年的郑外校友在回访母校时说道：“在我的学生时代，让我最骄傲的是——我是一名‘郑外人’。我曾经为成为‘郑外人’不论风雨、埋头苦读，郑外成为我前行路上的灯塔。当我来到这里，成为‘郑外人’的一员，我开始细细体味、品读这个名字的内涵，慢慢地发现，之所以有那么多优秀学子为她痴迷、为她陶醉，是因为她的精神、她的情怀。**她让我开始真正地认识自己、认识自己的价值，让我明白对于‘郑外人’而言，优秀是必须，是一种责任；优秀是为自己，更是为国家、为民族；优秀不是标签，是一种品质；优秀不应只在郑外，还有未来。**离开郑外这么多年，我始终记得那句进入郑外时的诤言——我为什么要来到郑外？离开郑外时又要留下什么？我想答案应该是郑外精神吧！”

这位校友名叫邱潆萱，2012年高中毕业，中学阶段是校学生会主席、中学生领导力社团创始人，被保送至清华大学，后又被美国芝加哥大学录取。她是众多优秀郑外学子中的一员，她将郑外精神刻进灵魂深处，更在行动中将它发扬光大。

那么，郑外精神是什么？又怎样将它内化于心？

## 郑外精神内化于心

郑外2017届毕业生、升入清华大学的陈泊文说：“包容万物的宽广胸怀、全球化的国际视野和终身学习的科研理念，是郑外赠予我最珍贵的礼物。在郑外，无论是学子还是老师，都洋溢着一种令人动容的热情，这种热情不单单是拼搏努力的动力，更是开拓创新的火种。”

初到郑外的高一年级学子都不会忘记学校组织的“开学第一课”，这一课让大家开始确立“中西文化融合、智慧人格并重，本土情怀与国际视野兼备的高素质预备人才”的目标；这一课让大家开始近距离接触“郑外学生优秀素质十大标志”；这一课让大家懂得优秀不是一个标签而是一种品质，不是用来炫耀的资本而是实现价值的条件……从这一课开始，大家将优秀变成一种习惯。

大家以成为“郑外人”感到自豪与骄傲，不仅在于郑外，更在于“郑外人”这个群体。一年一度的“情系母校，回家听说”活动是“郑外人”的家庭盛宴，每年会迎来600余位来自天南海北的校友，向母校讲述自己的成长故事，向学弟学妹分享成功的经验。

2019年1月，郑外迎来了一位1987届校友，他叫雷鸣，1992年国家物理奥林匹克集训队队长，1993年进入北京大学计算机系并本硕连读，2003年进入斯坦福大学商学院并获得MBA学位。他是百度七人创始团队成员之一，2005年创立了酷我音乐，担任首席执行官兼董事长……时隔多年，雷鸣回到母校，讲述他的成长经历，分享他的成功经验。他不仅用自己的努力和智慧为社会和国家做出了贡献，还非常关注教育事业，关心学校的发展。为支持学校发展，他向学校创新活动项目捐款。

2020届保送至清华大学的苑斯琪说：**“我度过最后两年的那间教室有一整面墙贴满每个人心中理想的学校，高高书有‘潜心向学　至诚报国’八个大字，还有一群最可爱的人以此为目标，夫复何求？”郑外精神薪火相传，是脊梁、是认同、是共鸣，是大德大爱大情怀！**

## 自觉自律外化于行

2020届保送至上海交通大学的高义婷说："高效的学习氛围、严明的纪律使我们养成良好的习惯，思考的过程更使我们成为有风度、有思想、有内涵的人。郑外，您的辛勤培育成就了无数个学子的梦。"

不了解郑外的人，视严格管理为桎梏；走进郑外的人，才明白这是每个人应有的自觉与自律。

清晨，紧张的起床时间不是不认真整理内务的理由；学习紧张不是不认真打扫卫生、做好值日的借口；参加活动不是不按时认真完成作业的原因。即便是即将参加高考的高三学子，也会认真打扫好最后一次卫生，整理好最后一次内务。每一个郑外学子都明白，做好分内事没有理由，任何人都不能搞特殊！要让自己更优秀，就要自觉、自律。

在郑外校园里，我们常常会见到穿梭于各种社团、积极参加学生活动又学习成绩优异的学霸们。他们会将自己的优秀谦虚地概括为运气，但我们都清楚，这是长期培养的一种能力。这种能力与导师制有关、与生涯规划课程有关、与严而有爱的管理有关。在这种能力背后还有敬畏。知敬畏，所以明规则；明规则，所以得自由；持敬畏，所以守原则、秉谦逊。

## 先认识、再选择，帮学生成为更好的自己

我们常说，做最好的自己！但这是很难的事情。一难在不能正确地认识自己，什么才是最好？二难在条件的限制，怎样成为最好？

为了帮助学生做最好的自己，郑外建立团队，致力研究"生涯规划"课程，给学生更多的指导和帮助。

如何帮助同学们更好地认识自我？郑外的"生涯规划"课程设计了很多有趣的体验式活动，比如"故事线""建造梦想的建筑""人椅"等，让同学们在活动中看到自己，也看到别人。发现自己身上的优势和不足，学会接纳自我，学习如何和他人沟通、合作，明了自己的沟通模式，在活动中成长，并且在课堂中普及相关的心理学知识。

认识外部世界是做好生涯规划的重要环节。带领同学们走进大学校园，和大学生面对面地沟通，深度了解大学和专业；走进不同职业岗位，体验岗位特点，发现自己想象中的专业和真实的有哪些不同；进行生涯人物访谈，了解现在社会的需要，一个职业所需的各种技能、素质及前景，一个工作者如何看待自己的工作，从他人的经历中看到各行各业不同的生活……进而将自己的兴趣、能力和社会需要结合起来，找到自己的梦想，树立远大的目标，找到实现目标的途径，看到自己的一点一滴进步，从而激发内在的学习动力，主动去探索学习。

郑外学生在高中阶段会经历很多选择，文理分科、学科竞赛、社团活动、中科大少年班、保送、志愿填报……**因为这是他们第一次经历的事情，难免会迷茫、无助，而生涯规划则能给他们的选择提供参考，鼓励他们主动去尝试，每次尝试都是新的体验，而他们也在这些尝试中慢慢地找到自己，成为更好的自己。**

## 兼容包并，让自由之风劲吹

**世界因多样而多彩。每个学校也因学生多样的个性而更加美丽。郑外尊重差异、理解个性、包容多样的培养理念，让每位学生的梦想都多了一种可能。**

2020 届保送至浙江大学的张驿欣说：“郑州外国语学校曾经是我心中最向往的地方，而三年的高中生活也告诉我：她从未辜负我的期待。学校人性化的管理制度和培养全面发展人才的宗旨让我们拥有了丰富的课余生活。记得刚刚进入学校时参加的学生会和社团招新，记得参与组织圣诞音乐晚会和校园歌手大赛时的精彩纷呈，记得在秋季运动会赛场上的热血沸腾……母校用她的实际行动告诉我，不仅仅要有优秀的成绩，还要有健康的心理、强健的体魄，充分发挥自己的潜能。”

2020 届保送至清华大学的陈泓昕说：“学校给了我们真正意义上的自由，给了我们更多选择的可能性。竞赛、培优、自招、保送，还有各种社团活动与名人讲座，我们能接触到最大限度地丰富的资源。从竞赛到文科再到保送，也正是这种自由的环境与包容的氛围最后成就了我。”

在郑外，首先要懂得规则面前没有例外；在郑外，还要知道规则之外就是自由。这片自由的天地给你无限的机会与可能，只要你有理想、有追求、有勇气、有锲而不舍的精神，郑外的一切都在助你成为更好的自己！

## 立德树人，大师大爱

郑外坚守立德树人的根本任务，并让它贯串于人才培养的始终。“让梦想多一种可能，让生活多一份温暖”是郑外学子对郑外的诠释。对于众多学子来说，郑外是实现梦想的地方，更是回忆中最珍贵的青葱岁月。

2017 届保送至清华大学的庞晓畅说：“我用了两年半的时间去追寻一个看似遥不可及的梦，梦想实现后才发现，原来比起一张录取通知书，最珍贵的是这一段青春的岁月，是岁月里志同道合的同窗、耐心敬业的师长、充满温情与热血的学校，还有那个敢于迎接一切挑战的 18 岁。”

有人说教育的目的是给人选择的权利，而郑外正是这样的一个地方。许多人认为，进了郑外就是一只脚踏进了名牌大学的大门。其实仔细想想，郑外能够给予的选择的权利，为每一个学生的人生助力。他们可以选择拼命奋进，拼搏向前，然后实现理想。

**“当我在这里，我曾不知自己对郑外有多么深情，但当我将要离开，我却清楚地知道我有多么不舍。”**

未来，还会有更多少年期待的目光在这里聚集，还会有更骄人的成绩在这里出现，还会有更多吸引人让大家在他的课上目不转睛的名师，当然也还会有更美丽的风景在眼前的校园中，更在每一个郑外人的心里。

**刘成章** 郸城一高校长

郸城一高党委书记、校长，特级教师，中学正高级教师。党的十九大代表，享受国务院特殊津贴专家，全国未成年人思想道德建设先进个人，全国劳动模范，河南省人大代表，河南省中小学名校长，首届河南最具影响力校长。

# 培育优秀学生 擦亮学校品牌

在社会经济飞速发展的今天，我们必须清醒地认识到，一所学校仅有先进的教学设施，还不足以吸引更多家长的眼球，我们必须用一流的教学管理、骄人的教学质量来打动更多人的心。为提升教学质量，打造学校品牌，我校遵循内涵型发展的办学原则，以培养优秀学生为切入点，采取各类措施，增强学校的核心竞争力，扩大学校的社会声誉，创造了近 8 年考生两次夺取省状元，260 人被清华大学、北京大学录取，15650 人成绩过一本线，北京大学、清华大学录取人数全国县级高中第一的高考佳绩。

## 一、明确优秀学生培育目标

教育的目的何在？学校教育的使命是什么？《国家中长期教育改革和发展规划纲要（2010~2020 年）》指出，育人为本是教育的生命和灵魂，是教育的本质要求和价值诉求，这就要求教育工作者关心每个学生，促进每个学生主动地、生动活泼地发展，尊重教育规律和学生身心发展规律，为每个学生提供适合的教育。可见，教育的目的就是塑造人、陶冶人、培养人，使人有良好的修养和完善的人格。为让每一个学生有长远发展的持久动力，我校坚持“让优秀成为一种习惯”的育人原则，从生活习惯、学习习惯、人生理想等方面努力培育学生。

事实上，给优秀学生下定义有一定的难度，因为对不同的学生，其衡量的标准也有所不同。作为学校，不能简单地用智力发展或认知结构等术语给学生优秀与否下定义，因为在学生成长的过程中，许多其他领域的发展同样重要。我认为，一个优秀学生，至少必须在以下三个方面均衡发展，即智力、知识方面，个性方面，社会方面，而不是仅仅体现在学习上。但是，让优秀成为评价学生的标准，也是让每一个学生都变优秀的有效手段。我们只有通过各种评价了解学生的学情和发展情况，改进学生的学习，提高学生的综合素养，才能让每一个学生变得优秀。

**为让每一个学生变得优秀，我校以“不比阔气比志气、不比基础比进步、不比聪明比勤奋”作为学生评价的核心，系统开展优秀学生的评选工作。**强调学生的精神追求、发展过程和后天努力，抑制校园里不良的攀比文化，倡导积极向上的价值取向与竞争精神，有效地抵御了来自外界的各种不良文化意识的侵蚀，在校园里营造一种积极进取、奋发向上的精神氛围。

## 二、调整优秀学生培育措施

为培育优秀学生，在高一新生招生工作中，我校改变以往只注重中招考试分数，不注重学生学习潜能的实际，通过开展暑期夏令营等活动，从初中毕业生的学科特长、创新意识、长远发展、综合素质等方面出发，综合评价学生，多标准选拔学生，尽量让更多有学习潜力、有发展前途的初中毕业生进入学校学习。由于招生思路的变化，近年来我校学生在高招中出现全面开花的现象，呈现出文化课考试和艺体考试互相补充、相得益彰的格局。

为实现培育优秀学生的目标，我校特别重视高一年级学生的教育工作，在“抓住了高一就抓住了高中”的认识下，努力让优秀习惯的养成成为高一学生的必修课。为此，我校以“过去不等于未来”为切入点，通过在高一年级开展“习惯养成年”的系列教育活动，引导学生养成主动学习的习惯、课前预习的习惯、专心听课的习惯、多思善问的习惯、上课记笔记的习惯、及时复习的习惯、事事有条理的习惯和及时完成作业的习惯，让他们都成为有良好习惯的一高人，为奠基人生、辉煌高考打好基础。

为切实培育出优秀学生，走好“先做强、再做大”的发展路径，我校特别重视优秀学生的培养工作，在“一年高考、三年备考”理念的指导下，全面实施“优秀学生培养工程”，在知识、能力、素养等方面进行通盘思考、系统规划、分段落实、逐层推进，将素质教育、常规教学、高考目标有机结合，从师资调配、教学方式、教学进度、资料选用、考核评价等方面向高考看齐，全面建立优秀学生跟踪培养制度，切实做到“三年高中一盘棋”。

## 三、转变优秀学生培育思路

用“激兴趣”促学生主动学习。**托尔斯泰说过：“成功的教学所需要的不是强制，而是激发学生的兴趣。”有了兴趣学生就能以积极愉快的心情投入到学习的全过程中去。**为此，我校一方面要求教师在课堂教学中根据教材内容和学生的心理特点，运用各种有效途径，激发学生的学习兴趣，促进学生主动探究知识、获取知识。另一方面，又从郸城县处于大别山集中连片特困地区的实际出发，通过“培养一名大学生，挖掉一个穷根子”等一系列的思想教育工作来调动学生学习的积极性，实现“要我学”到“我要学”的转变，在校内形成“学习刻苦无上光荣、学习不努力无地自容”的氛围，用“激兴趣”促学生主动学习。

用“我会学”促学生高效学习。**教育的真谛在于“教会学生学习”，这是著名教育家苏霍姆林斯基教育思想的精髓。中国有句古话叫“授之以鱼不如授之以渔”。**为让学生学会学习，我校强调教师要变“备课”为“既备课又备人”，集中主要精力改进教法、研究学法，从善于“会教”到善于指导学生“会学”，以学生学习方法的改进实现教学效率的提升。在具体工作中，我校一方面通过召开专题会、研讨会等形式加强对师生的引导，用现代教育教学理论指导教学，实施适合学生的教育；另一方面，结合高考实际，有针对性地培养学生的阅读能力、梳理知识能力、逻辑思维能力，教给学生记忆、学习的方法，引导学生高效学习，让学生真正学会学习，用“我会学”促学生高效学习。

用“动车组”促学生全面成才。在学生学习过程中，我校要求全体学生成为“动车组”，每一名学生都有努力学习的动力，而不能像普通火车一样，只有在火车头的牵引下才有动力。为激发学生的学习动力，我校用两个定律强化学生的意志力，让学生明白坚持是学习力中最执著、最顽强的品质。一是哈佛定律：W=X+Y+Z（成功 = 勤奋学习 + 正确的方法 + 少说废话）。通过这一定律，告诉学生闲散犹如醋酸，会软化精神的钙质；勤奋却像火酒，能烧起智慧的火花。专注是学习中最具凝聚力、整合效力的品质。二是一万小时定律。**作家格拉德威尔在《异类》一书中指出：“人们眼中的天才之所以卓越非凡，并非天资超人一等，而是付出了持续不断的努力。一万小时的锤炼是任何人从平凡变成超凡的必要条件。”**这和我校校歌中的“**三年磨一剑**”是同样的道理。所以，**我们要做的就是引导学生将身体与心智的能力锲而不舍地运用，用“动车组”促学生全面成才。**

## 四、激发优秀学生成才渴望

**成才是一个人成长的理想境界，也是一个人成功的显著标志，渴望成才已成为当代高中生的美好愿望。**但是，由于多种因素的影响，如自身人生观、世界观、价值观等思维意识上的差异，家庭条件的差异，周围人群的相互影响，社会其他因素的影响等，高中生对成才的渴望度有着较大的差异。

由于我校学生大多来自农村，通过自己努力学习是他们改变命运的重要途径。针对这一现象，我校一方面要求教师引导学生认识到没有科学文化知识，即使找到工作，也只能做技术含量不高的工作，许多人发展前途暗淡的最主要原因就是没有科学文化知识做基础。另一方面全面强化学生的思想政治教育。我校要求全体教师不断思考和研究高中生成才的思想政治教育策略，探究什么样的内容与形式更易于被学生接受，在深层次影响学生的言行，从思想政治教育入手来提升他们成才的愿望。

为进一步激发优秀学生成才的渴望，我校还大力强化感恩教育。每一个高中生的成长都耗费了父母大量的心血，得到了亲朋的关怀，也得到了社会的关注，由此，每一个高中生都应该学会感恩。学会了感恩，就会知道父母抚养的不易、父母供其上学的艰难；学会感恩，就会知道亲朋在自己人生中给予的关爱与帮助；学会感恩，就会知道中国共产党领导下辉煌的社会主义建设是多么的不易；学会感恩，就会尝试着回报家人、朋友和社会。总之，真正学会了感恩，就会珍惜自己的一切，珍惜自己现在的学习机会。

## 五、创设优秀学生学习环境

为确保学生高效学习，我校本着“教师下题海、学生驾轻舟”的原则，严把资料、习题、试卷质量关，为高效学习创条件。在资料质量上，我校采取备课组长负责，学生评议的原则，由学校统一征订教辅资料；在习题质量上，要求备课组长在命制各种试题时，要在认真解读高考考纲、深入研究高考试题的基础上，有的放矢，不仅做到试题选用题海淘金，还要加强命题的前瞻性、预测性，力争在夯实学生基础的同时，多练多考发散学生思维的题目，多练多考能发现总结规律和方法的题目，多练多考拓宽视野、引导探究、提升能力的题目。在考试质量上，我校本着以练促学、以考促教的原则，结合教学实际，通过严把命题关、严明考场纪律、严肃考试评价、严格学情分析等措施，一步快于一步抓推进，一环紧扣一环抓落实，真正做到“人人心中有目标、人人肩上有担子、人人身上有压力”，切实提高试题质量和考试质量。

考试是学习效果的检测。为全面提高学生学习成绩，我校要求教师除了要提升学生的智力、应考能力外，还要关注非智力因素的作用，加强学法指导，关注心理健康，为高效学习创设环境。非智力因素一方面表现在规范解题上，我校通过为学生营造更多的自主学习时间，在训练上要求学生作答规范，并通过全真模拟考试、网上阅卷等，引导学生达到“容易题、会做题确保得满分，难题得高分，将失误趋于零”的境界。非智力因素还表现在影响学生考场发挥的因素上。这一点，我校以心理辅导为突破口，通过心理咨询、专家讲座等方式，提高学生应考素质。同时，还通过创设良好的复习备考环境、提供实用的考场技巧指导及周到的考前、考后服务等措施，让学生保持良好的应考状态，不让一个考生输在考场外。

为增强学生学习的主动性、积极性，我校积极创建有利于学生全面发展的良好氛围，通过开展升旗仪式、体育文化艺术节、两语文化节、18岁成人仪式、体育比赛等活动为学生提供更多参与、组织活动的机会，使学生在活动中增长才能，强健体魄，增强团队意识，弘扬爱国主义、集体主义精神，为高效学习创设氛围。

随着学生综合素养的提升，我校学生在普通高考、自主招生、学科竞赛等方面全面开花，北京大学、清华大学自主招生成绩连续多年河南省第一，学生先后勇夺全国高中数学联赛省一等奖、新概念作文大赛全国一等奖、省市青少年科技创新大赛一等奖等奖项，学校先后荣获全国巾帼文明岗、省级文明校园、河南省普通高中多样化发展示范校、河南省教育系统先进集体、河南省中小学党建示范校、河南省三八红旗集体、河南省红十字志愿服务工作优秀团队、河南省学雷锋活动先进单位等荣誉称号，擦亮了全省有位次、全国有影响的郸城一高品牌。

**郭勤学** 郑州市第十一中学校长

郑州市第十一中学校长，中学正高级教师，河南省先进工作者，河南省特级教师，河南省教育系统先进工作者，河南省优秀教育管理人才，河南省首批中小学名校长，河南省第六届、第七届政府督学。

# 新时代中学教学名师的培养策略

教师的成长与发展是一个永无止境的过程，由一般教师成长和发展为相对优秀的教师，只是教师成长与发展过程中的一个阶段。优秀教师的“优秀”，不是一个绝对的概念，还需要不断完善、不断自我超越。

**多年的发展实践证明，一个学校名师的培养建设水平，往往是决定学校影响力的一个重要因素。**名师建设，不仅要“培”，而且得“养”，得“育”。名师是教师中的“醒客”，依托名师研究，唤醒青年教师，使他们在思想和能力上践行“名人”模式，从而全面引发名师成长的集群效应。

## 名师培养的意义

**培养名师，就教师自身而言，能够激发教师自我发展需求，促进教师自身内涵发展，实现教师个人人生价值**；就学生而言，在名师引导下，学生亲其师、信其道，名师的举止风范、行为习惯，甚至兴趣爱好能够起到潜移默化的作用，极大地提高其学习效率；就学校而言，一流的名师能够支撑起一流的名校，一流的教育呼唤着名师辈出。名师荟萃，有利于学校教育教学质量的提高，有利于在更大范围内扩大学校的知名度、美誉度；就教师团队建设而言，培养名师就是打造团队成长的动力源，能够以点带面，以优秀个体促进教师群体，引领教师群体的专业发展。

## 名师的成长历程

### （一）“名”之本：不忘初心，砥砺前行

“本”，是指教育素质和人文素养。不忘初心，砥砺前行，是许多名师必备的素质，体现在行动上就是对教育职业的热爱、追求。**对理想的坚持和追求的笃定，内化为精神，就是一种将自我价值与教育价值融为一体的教育境界、教育素养。**而后续的这种素养又反作用于自身，带给自我不懈的激励和鞭策力，这是名师不断追求、学习的内在动力。“力求卓越是一种生长模式”，这是我校贾颖老师的写照，30 年的时间，她从普通教师成长为名师，从优秀走向卓越，“力求卓越”的信念恰是她成长的初心和动力。

### （二）“名”之径：反思中痛苦，成长中快乐

“径”，指名师成长的历程及途径。名师的教学风格也许存在不同，但是名师成长的过程有共同点——不断学习、不断实践、不断创造。通过“实践—反思—更新—实践”的循环，一步步实现自我认识、自我完善、自我提升。其中，反思的过程往往与痛苦结伴而来，又结伴而去，痛苦过后便是快乐。教师成长 = 经验 + 反思，名师的反思体现在对职业的态度和发展两个方面。近年来，教师心理问题增多、压力增大、职业倦怠等现象的出现，导致教师职业幸福感下降。**面对平凡的生活，名师要调整心态，善于反思，主动投入到教育教学工作中，创造性地发挥自己的才能。**

### （三）“名”之方：教研并重，以教促研，以研促教

“方”，指方略、策略。深厚的教育、教研素养积淀是名师成名的关键。教研是提升教师素养的一个重要途径，教无止境、学无止境、研无止境，教师要有终身学习的责任和意识，不断提高自己的业务水平。这个学习过程是艰难的，但也是充实的。高起点、高征程、高质量地汲取，才能有独创而深刻的见解。名师的成长过程离不开课题研究的经历和经验，离不开教与研结合、

渗透的过程。

**（四）“名”之道：教育的自我调节和完善能力**

“道”是一种法则，一种规律。**名师之“名”往往是通过自我意识对自己的教学心理和行为进行不断调控和完善来实现的。**在自我完善、自我管控方面，优秀教师表现出较高的自觉性。数学名师李小斌坦言，他从工作至今，一直在不遗余力地调整着自我教学和教研心理，包括职业失衡感、生活幸福感、事业成就感以及价值判断等。

## 名师的培养路径

**（一）领航带动，辐射示范，搭建名师培养高平台**

应党中央、国务院对四川省凉山彝族自治州教育帮扶的要求，教育部中小学名校长领航工程“郭勤学校长工作室”积极响应号召，按照《教育部教师工作司关于开展四川省凉山彝族自治州教育帮扶行动的通知》文件要求，明确“首要选强将、重点送方法、接力献爱心”的工作思路，认真组织、严格筛选，选派郑州市名师李小斌老师、田径队教练张勇老师、篮球队教练吴锋老师等多位优秀教师分批赴凉山州支教。期间，我带领四位教研组长抵达喜德县开展为期两天的送培送教活动，力求示范带动贫困地区教师专业素质提升。此外，名校长工作室充分发挥示范辐射作用，我通过名校长论坛、专题报告、交流研讨等形式，倾情奉献、无私分享教育思想和教育理念，在首届“全国名校长教育思想郑州论坛”、河南省高中校长任职资格培训、广西八桂教育家培养工程等学术交流活动中作专题报告，引领全国中小学校长和名师共同成长。

**（二）夯实基础，梯队培养，打造名师培养摇篮**

为实现培养名师、大师的目标，我校不断完善教师培养机制，积极推进“青蓝工程”。学校制订和完善师资队伍建设规划，建立以教学改革为主要内容的教师岗位培训制度，提高教师执业能力，重点培养优秀年轻骨干教师。对在教学改革、精品课程建设、特色品牌专业建设、专业教学团队建设、校内外实训基地建设、社会服务等方面做出突出贡献的教师，实施“五个优先”

的助优机制：一是优先支持教学改革与建设工作，对骨干教师、专业带头人、教学名师划拨专项经费予以资助；二是优先推荐申报各级各类教学改革与建设项目及课题立项；三是优先参加各种专业建设、课程改革等方面的会议，优先参加省培、国培及出国培训；四是优先推荐参加各类评优评先；五是优先推荐岗位聘任、职称晋升。“青蓝工程”及助优机制，极大地调动了全校教师特别是青年教师的工作积极性，为青年教师向深层次、高水平方向发展奠定了坚实的基础。

**（三）精准发力，多措并举，形成名师培养激励机制**

学校以“师德一流、教学一流、科研一流、传帮带一流”为标准选拔了一批教学名师培养对象，通过开展课程改革、专业建设、教学团队建设、师德标兵及优秀教师评选等途径，培养、选拔成绩突出的、德才兼备和有发展潜力的中青年骨干教师与专业带头人，构建教学名师培养梯队，培育了一批在省内外有影响的教学名师。

为进一步推动名师成长，学校制订《郑州市第十一中学名师工作室管理办法》，每年向名师工作室提供定向保障经费，更新仪器设备、升级软件，配置教学一体机、教学活动耗材等，以提高工作室成员的技能水平、专业水平和教科研能力，提升工作室的社会服务能力，为名师成长提供良好的工作环境。

**（四）名师引领，示范带动，发挥名师辐射作用**

学校充分发挥名师引领及示范带动作用，以贾颖、李小斌两个名师工作室为载体、以基于具体问题情境的导师指导下教师全程参与为形式，带动青年教师的成长，积极主动开展教育教学重点问题研究，加强学科教学教研团队建设，重点做好教师培养、课题研究、示范辐射等工作，解决学科教学难题，发挥先行研究、交流研讨、示范引领的作用，使名师工作室真正成为促进教师专业发展的平台。经过长期不断建设，在名师带动及名师工作室的培养下，一大批青年教师实现了快速成长：李冰心、王晓旭、杨书勉、张智萍、徐青青等九位老师荣获国家级优质课一等奖；姜春春、尚姗姗、吴锋、王利超等二十多位老师荣获省级优质课一等奖；杨增勋、周笑笑、刘晓萌、杨静、陈晓飞、梁鹏举、张玉华、杨旭、董瑞杰、吴锋等近60位老师荣获市级一等奖以上荣誉。这些青年教师的快速成长，为学校的优质、健康、可持续发展增添了新的动力。

借名师成长之东风，扬十一中发展之船帆。立足基层名师的成长路径、探究名师培养范式，最大限度地发挥名师的引领和辐射效应，为教师发展提供有益路径。

**牛山坡** 鲁山县第一高级中学校长

鲁山县第一高级中学党委书记、校长，教育部中小学名校长领航工程“闫培新名校长工作室”成员。河南省第十次党代会代表、河南省劳动模范、河南省第三批中小学名校长。

# 让优秀学生成为学校代言人

河南省鲁山县第一高级中学（以下简称“鲁山一高”）始建于 1933 年 3 月 25 日，是一所有着 87 年历史积淀的省级示范性高中，“五四”著名爱国诗人徐玉诺先生曾任校长，豫陕鄂人民军政大学（哈军工的前身）在这里成立。

80 多年来，鲁山一高励精图治，与时俱进，素质教育成效显著，教育教学硕果累累。自恢复高考以来，学校为国家和各类高校输送人才近 10 万名。其中，49 名学生直接考入清华大学、北京大学；40 余名学生被各飞行学院录取；60 多名学生先后获市、县高考第一名；1997 年培育出省理科第一名；2016 年培养出自主招生考试河南省第一名。仅 2011 年到 2019 年，鲁山一高考上清华、北大的学生人数达 36 人之多；一本上线人数由 184 人增长至 1397 人，提升了约 7.6 倍，本科升学率实现“九连增”，每年均有近 3000 名学子被全国各类高等院校录取，持续展示了“低进高出、高进优出”的育人效果。

## 一、栉风沐雨，砥砺奋进，优秀学子成就名校品牌

“信、爱、和、平”是鲁山一高老校长、“五四”著名爱国诗人徐玉诺

先生在 80 多年前提出并一直延续至今的校训。“信”即诚信，是诚实不欺，是守信用，践行诺言；“爱”即大爱，是爱祖国，爱人民、爱事业，是大公无私、一心为公的无私奉献精神，“和”即和谐，是《尚书·康诰》“惟民其敕懋和”的和顺，是《孟子·公孙丑下》“天时不如地利，地利不如人和”的协调融洽；“平”即公正、平等、安定、宁静。

**经过 87 年的潜心发展，鲁山一高培养出一大批优秀人才，他们遍布世界各地、各行各业，为人类社会发展进步默默奉献着聪明才智。**他们用成功的实践证明了鲁山一高育人理念的先进性、前瞻性和务实性，也为学校赢得良好口碑，成为学校的“活名片”。

罗亚中，1997 年毕业于鲁山一高，国防科大航天科学与工程学院教授、博士研究生导师。2019 年 6 月 13 日，罗亚中带队参加素有“航天界的奥林匹克”之称的第十届国际空间轨道设计大赛，以绝对优势夺冠。这是中国代表队在该项赛事中首次夺冠，一举打破了欧美参赛队对该赛事冠军的垄断。这一成绩获得社会各界的高度关注和广泛赞誉，《新闻联播》《人民日报》《解放军报》《中国青年报》《环球时报》《科技日报》等众多媒体进行了持续报道，称赞其为祖国、为全军争了光。

王振耀，1968 年毕业于鲁山一高，曾任民政部救灾救济司司长、中国扶贫基金会第八届理事会理事，现任北京师范大学中国公益研究院院长、深圳国际公益学院院长。在救灾救济司任上，他推动建立了城市居民最低生活保障制度和国家自然灾害救助四级响应体系。在公益慈善领域内，他首倡并大力推广“平民慈善”“以善治促慈善”等理念。他还推动了慈善公益事业的信息公开，在促进慈善公益事业的发展、提高和维系民众的公共道德水准方面进行了制度化创新。

刘振飞，1989 年毕业于鲁山一高，现任阿里巴巴合伙人、高德集团总裁，阿里巴巴公益基金会理事。刘振飞于 2006 年 5 月搭建了阿里妈妈广告系统，2009 年组建淘宝技术保障部，后来该部门发展为阿里技术保障部。他提出并主导实施了阿里经济体“去 IOE”战略；负责完成“飞天 5K 项目”，证明了阿里云计算的大规模集群生产服务能力；负责完成“登月计划”，打造了基于阿里云计算的统一大数据平台。2017 年 12 月任高德集团总裁，在职期间根据国内权威数据平台 QuestMobile 数据显示，高德地图月活跃用户已超过 4 亿，位列“国民十大超级应用”。

邓营，1990 年毕业于鲁山一高，河南新视力公交广告有限公司董事长。该公司是一家专注于公交媒体领域，致力为企业品牌传播、市场推广、产品宣传的专业广告公司。2011 年公司进军城市 BRT 媒体领域，拥有 1000 余座 BRT 快速公交候车亭宣传位，公交媒体总量在中原已处于领先位置。西湖大学董事会首批荣誉董事成员名单中，邓营、侯屈平夫妇占据一席。

庚子鼠年，新冠肺炎肆虐。疫情面前，无数鲁高人冲锋陷阵，为人民筑起一道坚固的防护墙，特别是医疗战线的校友们，有许多一直战斗在防控一线。冯录召，鲁山一高 1999 届毕业生，中国疾病预防控制中心传染病处呼吸道传染病室主任，新冠肺炎疫情应急响应机制防控技术组副组长，同时担任国家卫生健康委国家级新冠肺炎媒体采访专家。新冠肺炎疫情防控过程中，他是台前的科普专家、幕后的政策参谋。朱继红，鲁山一高 1979 届毕业生，北京大学人民医院急诊科主任，针对新冠肺炎疫情的发展以及防控当中新出现的一些热点问题和话题，作为嘉宾接受央视 4 套《今日关注》栏目采访。詹少峰，鲁山一高 1998 届毕业生，广州中医药大学第一附属医院呼吸与危重医学科副主任医师，2020 年 1 月 27 日随广州中医药大学第一附属医院援鄂医疗队抵达武汉开展援助救治工作。

## 二、春风化雨，润物无声，用教育诠释立德树人

新的高考制度改革，突出的是社会主义核心价值观的引领，育人导向和功能是“立德树人，服务选拔，导向教学”。其中，立德树人是根本任务。鲁山一高之所以能够取得辉煌的成绩，靠的就是学校对立德树人的深刻理解。

### （一）强化思想引领，厚植爱国情怀，培养爱党、爱国、爱民的大爱人才

多年来，鲁山一高坚持以创办“人民满意学校”为目标，实行大科室管理与年级组、级段管理双轨并行的“动车式”管理模式，充分发扬“奉献、激情、高效、精致、严格、成果”的鲁高精神，始终牢牢占领着师生思想教

育这块高地，取得了良好效果。

一是坚持党的领导，将爱国主义教育融入教育实践。学校借鉴“三湾改编”的先进经验，把党总支建立在年级组，把党支部建立在备课组，实现了党组织在教学一线的全覆盖，充分发挥党支部的战斗堡垒作用；坚持把优秀教师培养成优秀党员，充分发挥他们的先锋模范作用。

二是持续深化学生思想教育，引导学生从体能、情感、思维、意志四个方面做好精力管理。鲁山一高以“学、悟、行”励志成才教育模式为有效抓手，引导学生努力做到忠心国家，孝敬父母，关心他人，信心自己。**让学生在日常学习中不仅学到必备知识、关键能力、学科素养、核心价值，同时提高社会责任、法治意识、创新精神和实践能力。**“学、悟、行”励志成才教育模式也因此荣获国家十三五科学规划课题子课题二等奖。

**（二）立足课程改革，创新课堂模式，锻造学高、身正、艺精的教师队伍**

**提高学生素质，首先要有一支政治合格、师德高尚、业务精良的教师队伍。**鲁山一高要求广大教职工以“师德高尚、业务精湛、身心健康、善于创新”为追求，以“忠于职守、甘于奉献、淡泊宁静、积极进取”为职业操守，以“得体、儒雅、包容、合作”为行为要求，以“教书育人、为人师表、爱岗敬业”为师德规范要求，争当教坛新秀、骨干教师、学科带头人、功勋教师等“四大名师”。

教育改革最根本的是课堂改革。鲁山一高在狠抓“备、讲、批、辅、考、评、思”七个常规教学基础上，积极探索创新“展、探、练”高效课堂模式。这种课堂模式注重将激情、平等、竞争、民主带入课堂，让学生自为良师，悟道进取，努力提高学生的学习能力、实践能力、自悟能力和创新意识，有利于培养学生的创新精神和科学品质，让学生在学习中学会做人、学会做事、学会协作、学会求知。“展、探、练”高效课堂模式因此荣获国家十二五科研规划课题子课题一等奖。

**（三）拓宽办学思路，广搭教育平台，打造多元个性实用的育人模式**

**学校坚持拓宽办学渠道，创新多样化的培养方式，走出了一条可持续发展之路。**

一是向国际化发展。近年来，鲁山一高在强化英语教学的基础上，对英语学习存在短板的学生，引进了俄语、日语教育，让这些学生补齐短板，突破外语提分的“瓶颈”。同时还陆续引进各类国际人才培育项目，如与北京交通大学国际教育学院合作办学，创办“2+2”人才培育模式、与成都电子科技大学成都学院合作办学，创办“2+2”人才培育模式、中国·白罗斯国际人才培育计划项目、“丝路计划”等，让山村的孩子不出国门享受国际化教育，让普通家庭的孩子成就留学梦想的愿望，为山村孩子向国际化发展搭建平台。

二是向多元化发展。为不同层次、不同特长、不同需要的学生提供个性化的服务，让每个学生突出自身优势特长。学校先后成立鲁山一高艺术中心、体管中心、徐玉诺文学社，创办《德秀》杂志，成立摄影、书法、美术、音乐、环保、节能、科技、体育等10余个社团组织。通过丰富多彩的社团活动，培养学生艺术感知、创意表达、审美能力和文化素养。学校还逐渐建设完善了健身房、瑜伽馆等各类体育和健身场馆，成功创办了“全国校园足球特色学校”，同时把太极拳、少林拳等中华传统武术引入课堂，让每位学生拥有一项运动特长，掌握一项运动技能，在体育锻炼中享受乐趣、增强体质、健全人格、锤炼意志。多年来，有多名学生在国家及省市作文竞赛、演讲比赛、科技大赛、学科竞赛、体育竞赛中获得奖项。

我们坚信，靠着深厚的文化传承、先进的办学理念、强大的育人团队、刻苦的莘莘学子，鲁山一高定会培育出越来越多的优秀人才，赢得良好的口碑，再创新的辉煌！

**张随学** 三门峡市第三实验小学校长

正高级教师、特级教师，三门峡市第三实验小学校长。全国教育创新先进工作者、全国新教育实验先进个人、河南省中小学名校长、河南省教师教育专家、河南省优秀教育管理人才、河南省教育厅学术技术带头人。

# 坚持“五育”并举，培育新时代好少年

中共中央、国务院《关于深化教育教学改革全面提高义务教育质量的意见》提出，要坚持“五育”并举，全面发展素质教育。我校积极贯彻落实党的教育方针，以立德树人为根本任务，构建了“德育为引领、智育为基石、体美为载体、劳育为支撑”的育人模式，将五育并举、全面发展的理念贯穿于学校教育的全过程，着力培育德、智、体、美、劳全面发展的时代新人，大批优秀的学生为我校赢得了良好的口碑。

## 德育为引领，立德树人铸品质

立人先立德，树人先树品。抓好德育工作是立德树人的根本保障，我校把学生德育工作作为首要任务，建立了由“德育工作领导小组—政教处及少先队—班主任及任课教师—学生家长”组成的四级德育工作网格，分工明确，职责分明，层层管理，逐级落实，形成了自上而下、全员参与的德育工作体系。

养成教育是铸造学生优秀品质的重要因素，重视学生养成教育是我校的一贯做法。我校为全国养成教育实验学校，自主编写的养成教育系列丛书《阳光伴我成长》作为校本课程走进了课堂，从学习、生活、礼仪、安全、心理健康等方面进行示范和讲解，教会孩子们如何去做一个守道德、知廉耻、懂礼仪的文明人。学校注重环境育人，通过优美整洁的环境、健康向上的校园文化等隐性教育因素，在潜移默化中渗透养成教育；有序开展养成教育主题月活动，每月确定一个主题，在科学、规范、精准、扎实、深入、持久的训练中使学生逐渐养成好习惯，促使养成教育横向一体化，纵向序列化；制订了科学可行的考评机制，加强考评跟进，外部监督与自我约束有机结合，“他律”转向“自律”，良好习惯得以养成和巩固。学校被评为河南省中小学德育工作先进单位、河南省未成年人思想道德建设工作先进集体、河南省文明学校。

## 智育为基石，学习知识筑根基

教学质量是学校的生命线，是立校之本。浓厚的学习兴趣、良好的学习习惯、科学的学习方法是提高学习质量的重要条件。在平时的教学中，我校注重营造良好的学习环境与氛围，激发和保护学生的学习兴趣，培养学生的学习自信心；遵循教育规律和学生身心发展规律，帮助学生养成良好的学习习惯，掌握科学的学习方法；落实学生主体地位，实施以学生发展为本的教学，采取启发式、讨论式、合作式、探究式等多种教学方式，提高学生参与课堂学习的主动性和积极性，注重保护学生好奇心、想象力、求知欲，引导学生独立思考和主动探究，培养学生良好的思维品质；精准分析学情，尊重学生个体差异，重视差异化教学和个别化指导，采用灵活多样的教学方法，因材施教，培养学生自主学习和终身学习的能力；开展形式多样的学习竞赛活动，建立促进学生发展的评价体系。学校教学质量名列前茅，在三门峡市区小升初考试中一直位列第一名，成为三门峡市的教育质量标杆学校，赢得了极好的社会声誉。

最是书香能致远。我校以创建“书香校园”为目标，坚持课内保底、课外保量、活动保质，以课堂为主体，课外校外为两翼，构建了学生、家长、教师全员参与的“立体阅读模式”，打造书香校园与书香家庭交相辉映的“读书共同体”。藏书丰富的图书室、充满童趣的儿童阅览室、专用的阅读教室，定期更新的班级图书柜，教学楼走廊内的开放式书架，成为开展读书活动的坚实基础。“腹有诗书气自华”，读书已经成为一种校园文化，一种生活状态，一种精神享受。良好的阅读习惯为学生终身学习打下坚实基础，学校被评为全国百家书香校园之一、河南省书香校园示范单位。在第四届“叶圣陶杯”全国小学生听说读写大赛中荣获一等奖，在中国青少年语文风采大赛中获河南赛区小学组团体一等奖，在汉字听写大赛中荣获三门峡赛区第一名，4 次荣获三门峡市小学生经典诵读比赛一等奖。

## 体美为载体，强身健体展才艺

**“少年强则国强”，青少年的体质健康不仅关乎个人成长，更关乎民族的未来。**我校坚持“健康第一”的理念，认真实施学校体育固本行动，开齐、开足、上好体育课，开展丰富多彩的体育活动，定期举办学生运动会及体育节，帮助学生在体育锻炼中增强体质、掌握技能、锤炼意志。建立学生健康档案，将学生参加体育活动及体质体能健康状况等纳入学生综合素质评价。为确保学生每天 1 小时校园体育锻炼，学校认真开展“阳光大课间”活动，遵循双线编排思路，既照顾到绝大多数学生的活动需求，也兼顾到学生个性发展。跳绳、踢毽子、往返跑、拔河、武术操、鬼步舞等多种活动，融运动、游戏、竞技、合作于一体，内容丰富，锻炼到位，学生们在自由和谐的运动中充分享受快乐的童年时光。“阳光大课间”活动已成为校园最亮丽的一道风景线，学校荣获河南省中小学最美大课间评比一等奖。在广泛开展普及性体育运动的基础上，学校大力发展特色体育项目，作为首批全国足球特色学校，不遗余力地开展青少年足球运动，聘请专业足球教师进行技术指导，开展班级、年级以及校际足球联赛，相互切磋，提高球艺，我校足球队在国家级足球教练高海波的带领下，在省市级比赛中屡次捧回奖杯，学校被命名为河南省校园足球示范学校。

美育是温润人心灵的教育，我校坚持以美育人、以文化人，提高学生审美和人文素养。特色是一所学校的标签和符号，在严格落实音乐、美术、书法等课程的基础上，结合地方文化和学校实际积极开设艺术特色课程。剪纸是豫西地区的传统文化，我校自 1998 年开始剪纸教学，从最初的兴趣小组、第二课堂到现在全校范围内规范的剪纸课程，历经 20 多年的探索实践，剪纸这种民间传统艺术已经在我校落地生根，师生在各级各类竞赛活动中获奖 400 余项，学校被市非物质文化遗产保护中心授牌“民间剪纸教育基地”，自编的校本教材《巧手学剪纸》荣获河南省中小学校本课程建设优秀成果一等奖。除剪纸以外，学校的“腰鼓、合唱、戏曲、啦啦操”等特色艺术都取得了显著成绩，“千人腰鼓操表演”在三门峡市第二届阳光体育运动会开幕式中赢得广泛赞誉并被授予优秀表演一等奖，“繁星点点”合唱团在三门峡市中小学合唱比赛中连续多年荣获一等奖，荣获首届中国（三门峡）黄河大合唱艺术节青少年组合唱银奖，啦啦操荣获全国联赛“小学组花球无级别冠军”。学校被命名为全国特色教育先进单位、河南省十大最重视传统文化校园、河南省校园文化艺术工作先进单位、河南省三门峡市青年蒲剧团戏曲传承基地。

## 劳育为支撑，身体力行会劳动

劳动教育是中小学教育的重要组成部分，我校以劳动教育为支撑，通过课堂教学、校内日常劳动、家庭家务劳动、校内校外劳动实践基地等实施途径，有效落实劳动教育目标，培养学生劳动素养，丰富了劳动教育的内涵与外延。《小学劳动教育的实施途径》《劳动实践基地：师生诗意栖居的开心乐园》等劳动教育的经验做法，刊载于全国中文核心期刊《教学与管理》《中国教育报》等。

我校明确劳动课的地位，把劳动课作为一门必修课程纳入教学计划，建章立制、认真实施、科学考核、严密管理，保证劳动课程的课时和上课质量。注重培养师资，加强教研，拥有一支能胜任劳动课教学的专兼职教师队伍。结合实际制订了科学合理的《劳动课教师教学评价标准》《劳动课学生学习评价标准》，对教师教学和学生学习情况进行规范与评价，以评促教，以评促学，使劳动课落地生根，开花结果。

劳动教育的出发点和落脚点都是生活，学校和家庭是小学生的主要活动场所，我校把校内日常劳动与家务劳动有机结合起来，让学生从身边的“小劳动”做起，在校能完成值日扫除等日常基本劳动，在家能自觉自愿进行诸如洗碗、叠衣服、整理房间等力所能及的家务劳动，让劳动融入日常生活，成为学生的生活常态。孩子的生活技能提高了，真正做到自己的事情自己做，家里的事情帮着做。

劳动基地是学生进行劳动实践的重要场所，我们结合校情因地制宜开辟了百花园、百果园、五谷园、小动物养殖园、手工小作坊等劳动实践基地，搭建了形式多样的劳动实践平台。**劳动实践基地作为课程资源与各学科相互渗透，成为鲜活的教材、开放的课堂，培养了学生动手实践能力与创造能力，拓宽了素质教育的渠道，成为孩子们流连忘返的开心乐园。**我校广开渠道建立了相对固定的社会劳动实践基地，定期组织学生开展社区志愿服务，深入农田、果园、蔬菜种植基地等干农活、知农事、体农情，在丰富多彩的社会劳动实践活动中充分绽放生命活力。

**培养德、智、体、美、劳全面发展的学生是学校的重要任务和永恒主题，我校的“五育”并进措施，将“五育”的基本素养固化在每位学子身上，让孩子成长为更好的自己，为每个孩子的幸福人生奠基。**从我校走出去的学生，德、智、体、美、劳全面发展，给我校赢得了良好的口碑。

# 善借力

## ——酒香也怕巷子深

**蔡瑞昌** 河南省长垣市第一初级中学校长

河南省长垣市第一初级中学校长，中学特高级教师，“双层四环”教学模式创始人，河南省教育厅学术技术带头人，河南省教育厅优秀教育管理人才，2015河南年度教育新闻人物，首届河南最具影响力校长。

## 借得顺风好扬帆

好校长要善于运作“三个借”。

一借势。看清时代发展趋势，把握教育政策内涵。“互联网 +”就是大趋势；立德树人、五育融合、劳动教育、研学旅行是形势；校本课程、校本研究、校本培训、校本发展是大势。

二借脑。办学特色、教育主张、教育思想、教育理论，都需要在阅读中积累，实践中磨砺，反思中融通，感悟中生成。

三借力。校长教育的小圈子主要包括学生、教师和家长；校长交际的大圈子，则要面对同行、领导、社会与媒体。借助专业媒体，讲述自己的教育故事、教学主张、教育理念和教育思想，可以扩大自己的影响力，放大自己的思想力。**一些学校教学工作做得好，教研总结写得好，由于不善于同专业媒体打交道，导致社会影响不够好，“养在深闺人未识”**。当下社会，既要工作做得实，做得好，也要宣传到位说得好。

下面，我来分享自己借助专业媒体促进学校发展的经历，以求教同仁。

## 风光这边独好——第一次借力：亮相新乡

2010 年春天，长垣市第一初级中学（当时为长垣一中初中部）在困境中谋发展，开展了轰轰烈烈的课堂改革，一个学期下来，成效显著，社会赞誉不断。

10 月，“2010 年新乡市课堂改革交流现场会”在我校召开，我校实行改革的七年级课堂对外开放，学生的精彩表现得到了与会各县区教育局局长、校长等 200 余人的一致好评。会后，一些参会的学校领导带领自己的教师团队到我校参观调研。

学校的良好局面引起了新乡市教育主管部门的关注，我被邀请到新乡学院校长培训班讲课。讲课结束用餐期间，当时的陈锡林院长为我引荐了《新乡日报》的记者梁利峰，交谈中，我热情地向他介绍了我们学校的情况，梁记者听后很惊讶：一个县城中学为什么能够办得如此红火？

带着这样的疑问与兴趣，梁利峰记者专门到我校进行了参观调研，随后以“风景这边独好”为题在 2011 年 3 月 22 日的《新乡日报》上进行了整版报道。不久，新乡地区更多的学校领导纷纷带队到我校参观调研，交流切磋。

随着学校课堂改革的深入，“双层四环”课堂模式、新学案、早教研、小组建设、学生参与早教研等课改元素也应运而生，尤其搬到新校区后，学校更是走上了发展的快车道。

2013 年 9 月 3 日的《新乡日报》再次以“东风花千树，牧野第一枝——再看长垣一中初中部”为题整版报道了我校的新发展，随之更多参观调研的学校涌来，长垣第一初中也彻底完成了在新乡地区的华丽亮相。

## 有朋自远方来——第二次借力：享誉河南

2014 年春天，教育时报社在开封求实中学举办活动，我带队参加了这次活动。活动中我一直在想：相比较来看我们学校办得也不差，能不能也借助这样的平台来推出自己呢？

会后，经人介绍，我认识了刘肖总编。交谈中，虽然底气不足，但我还是大胆地向刘总编提出了我的邀请：能否到我们学校给指导一下工作。没想到刘总编答应说：过两天派两位记者过去看看。随后，教育时报社的杨雷、代修鹏两位记者就到我校进行了两天的采访，晚上就立即向刘肖总编做了汇报。第二天，刘肖总编又亲自到我们学校进行调研，当场拍板决定：将第五届河南课改先锋公益论坛放在这里。

我意识到：这是难得的一次展示学校，提升发展的机会！

我立即组织了备课组长以上人员参加的校委会。会上，我通报了这个消息，并当场成立了以教务处为核心，其他部门全力配合的筹委会，确立了“精益求精全面提升，借力平台谋求发展”的总体设想。接着，我们又召开了全体教师会，提出了“人人做主人，个个求进步”的要求，并明确指出：届时课堂全部开放，每个教师、每个班级都要能代表学校水平与学校形象。

会后，我督促时任教务处主任的陆学芳与教育时报社的杨雷联系，拿出筹备方案。

暑假过后，老师、学生关于教学的很多方面变得生疏，尤其初一新生，一切对他们还都是全新的，要从头慢慢来。但活动日期日益迫近，容不得犹豫迟疑，一切按计划有序开展：早教研的集智研讨、课堂的模式精熟、大教研的观课磨课、学生小组建设的独立自主……报社的杨雷主任、首席记者代修鹏再次入驻我校，进行了将近一周的深度采访，2014 年 9 月 24 日的《教育时报·课改导刊》用四个版面为我校发了特刊，全面、深入地介绍了我校“全程教研·生本课堂”的发展，并发出了“第五届河南课改先锋公益论坛”的通告。长垣第一初中首次通过媒体在全省同行面前亮相。

论坛活动在全校师生与全省同仁的期盼中终于到来。

2014 年 11 月 15 日下午，论坛开幕式在我校翔宇楼报告厅举行。本来预计 800 人的会，实际参会的各地教育同仁、各级新闻媒体记者竟然达到了 1500 余人。接下来晚上的社团展演与第二天全天的全方位展示无不令与会者兴奋、惊叹。

这次盛会，让长垣第一初中享誉全省。《教育时报》又先后以“向蔡瑞昌和他的师生学习什么”“长垣一中初中部再迎考察高潮”“集智晨会保驾生本课堂”“做教育就需要精耕细作”为题进行了长时间跟踪报道。报社还把我推举为“2014 河南年度教育新闻人物”“首届河南最具影响力校长”，对我个人进行了报道；又把我们学校推举为“第八届河南教育名片”学校。在《教育时报》为我们搭建的平台助力下，长垣第一初中的影响力越来越大。

## 名师大家荟萃——第三次借力：走出中原

借助媒体力量，扩大学校影响力，这种机缘一直在延续。

2016 年 7 月，河南教师成长学院 2016 暑期高端研修班开班。长垣第一初中李守宏校长带队近 60 人乘坐大巴参加。李校长用手机微信向我汇报开班现场与受邀专家情况，可谓是名师大家荟萃。我眼前一亮，仿佛看到了又一个机遇，当即回复李校长代我邀请刘肖总编：成长学院下一期培训能否在长垣举办？尽管我当时因公务缠身没能与刘总编见面，但还是立即打电话给刘肖总编，诚恳地表达了我的意愿，刘总编最后拍板：明年的成长学院暑期高端研修班在长垣第一初中举办。

我给校委会和老师们讲：走出去不如请进来，这样老师和学生都能受益，给学校带来的助力肯定也是多方面的，我们必须全力以赴做好这件事情。

为此，我们调动学校精锐力量组成教学服务组、生活服务组、客运服务组、后勤服务组、以学校年轻骨干教师组成的学员参训组等，各司其职，分工合作。如：教学服务组要根据成长学院安排的课程表协调配课学生，保证无痕衔接；学员参训组要分散到各个培训班，除了自己参训，还要整理笔记、课件等与不能参训的其他老师分享学习。

为了保证后勤服务跟得上，解决参训专家与学员的食宿问题，尤其是消除上课教室的暑热问题，学校下大力气改造了学森楼与学术交流中心的教室，添置了十余台大功率空调，餐厅、宿舍也都增添了相应的配套服务。最终，我们配合成长学院圆满完成了这项高端培训任务。

我们的努力得到了认可，主办活动的成长学院满意、与会的专家名师满意、参训的学员也交口称赞，不少学员纷纷以“不想走”表达自己的心声。应大家的要求：下年的暑期培训还在这里！这一办就是连续三年。

我们的付出也得到了满满的回报：我们的学校被授予“河南教师成长学

院长垣校区”，一批青年教师受成长学院的惠泽，迅速成长起来，出现了张颖、张爱民两位最具智慧力班主任，汪平霞等最具成长力教师，我本人也被评为最具影响力校长。

**我们也真正印证了蘧孔之交雕塑正面的孔子名言：有朋自远方来。**借助成长学院暑期高端培训这个平台，我们也交到了更多远方的朋友：内蒙古阿拉善蒙古族完全中学的和平校长、青海省海晏县寄宿制民族中学的吴永祥校长，以及来自新疆、海南、黑龙江等地的朋友，他们纷纷率队到长垣第一初中交流调研。至此，长垣第一初中已是走出中原，走向更广阔的天地。

## 扶摇直上万里——第四次借力：走向全国

2019年9月，中央电视台拍摄“中国影像方志”系列节目，我受邀成为“河南卷·长垣篇·文化记”的嘉宾。我想：这也许是上天对我和我的团队的又一次眷顾。

经过精心准备，“蘧里童谣”的拍摄现场放在了长垣第一初中圣贤广场蘧孔之交雕塑前。数十位身穿汉服，手持竹简的学生和乐而歌。

节目录完了，我总感觉少了点什么。当时，正赶上我们的“校园采摘节”，我邀请李亚明导演多停留半天，参加我们的石榴采摘。李导欣然答应。我带着摄制组一行参观了我们的校园，介绍了我们的学校，特别在参加了下午的“校园采摘”活动后，李亚明导演兴致盎然，表示在适当的时候可以宣传一下我们学校。如果能够成行，我想，那将成为我们又一次借力腾飞的机会。

作为一个校长，带领自己的团队用力划桨推动学校的航船前行固然重要，如果能够借风扬帆岂不更好？关键在于我们要有借力的意识，创造借力的机遇，寻找借力发展的方法。

**杜伟强** 许昌实验小学教育集团总校长

许昌实验小学教育集团总校长，教育部第二期中小学名校长领航班学员，国家骨干教师，全国优秀小学校长，河南省劳动模范，河南省中小学名校长，2015 河南年度教育新闻人物，第二届河南最具影响力校长。

# 媒体与教育融合：学校变革契机

许昌实验小学创建于 1959 年，是许昌市教育局直接管辖的一所实验性学校。由于其历史传统和特殊地理位置，学校从建校之初就是学生家长和社会关注的热点。办好学校、提高质量是几代实验人的接力传承。

面对社会期待与家长信任，如何全面贯彻党的教育方针、落实国家意志、进行校本化实践？如何不断提升教师专业素养、重塑学校文化？这些问题必须要作出回答！

当下，伴随着互联网的飞速发展，出现了全程媒体、全息媒体、全员媒体、全效媒体，信息无处不在、无所不及、无人不用。可喜的是在全媒体时代，一个传播力、引导力、影响力、公信力不断提升的新型主流媒体矩阵正不断成长壮大，它正在以不可逆的态势影响着社会发展的各个方面。

**善谋善为，善作善成。让高品质的教育专业媒体与学校携手同行是助推教育高质量发展的重要途径之一。**

从我们老师最爱读的两报一刊说起。

《教育时报》是河南省最具影响力的教育类专业报纸，其管理团队年轻有思想，报面内容丰富多样，亲近一线，记录并引领着河南省基础教育的前进方向，深受基层教师喜爱。学校与她真正的美丽邂逅是在2009年暑期，当时由《教育时报》牵头组织的“河南教育名片”评选活动在省内影响很大，很幸运许昌实验小学获得首届名片学校且名列榜首。从那时起学校、老师们便与《教育时报》结下不解之缘。

《教育时报》的“课改导刊”成了学校教研活动时教师的必备参考资料，学校重大事件、教师教育故事或教育反思经常见诸报端。

不知从何年开始的“教师成长学院”成了不少老师们的最爱。截至目前，我校共有24位青年教师参加《教育时报》成长学院的学习培训，受益匪浅。新冠疫情阻隔了人们面对面交流的脚步，但是，2020年暑期学校借鉴《教育时报》这一做法成立了许昌实验小学“文峰书院”，秉持“打开学校、解放教师、发展学生”和“做好自己、影响别人、引领教育”的坚守，积极组建以教师为主体，吸纳专家、学者、名师广泛参与的学校自组织，让全体教师“组织起来、活动起来、研究起来”，真正把学校建设成为师生快乐成长的精神家园。

2015年10月，是《教育时报》名片学校发布会第一次走出郑州、走进许昌实验小学，全省四百多位校长济济一堂，就“学科价值与教师发展”这一主题进行了深入探讨。每年围绕一个议题进行深入研究是学校秉持多年的传统，“学科价值与教师发展”是我校2015年的核心议题，有了专业媒体的介入与助推，加上众多教育同仁的关注，赋予了这一话题更深的意义与价值。

开幕式上我做了《教育需要回归，教育正在回归》的发言，以求引发大家的些许思考。

摘录几段与大家分享：

“2009年秋季大概也是这个时间，恰逢50年校庆，我校幸运地成为省首批名片学校，到今天的第九届名片学校发布，已过去六年。九九归一，这是我们共同修来的缘分。

……

一路走来，我们相信行动的力量，也让我们清醒地认识到教育其实并不简单，教育也不应该这么简单。

……

校长固然很重要，但作用在逐步弱化，影响力在逐渐衰减，而师生的自主性、创造性在逐步上升，教师文化正在逐步发展。这是现代教育的必然趋势。

学校是什么？就小学而言，学校就是为学区内适龄儿童提供优质服务的地方。这个学校是否在全国知名并不重要，让学校做强做大是无稽之谈。质量效益才是真教育。

富丽奢华的校园、千奇百怪的理念、五花八门的课程、眼花缭乱的策略，一校一品、特色立校的盲从，军营式、监狱式的管理，自以为是的评价等，如雨后春笋，让人目不暇接。这不是真学校，这是对真教育的背弃。教育、学校、教师、校长甚至是家长与我们的孩子渐行渐远。

**教育必须回归，教育正在回归。**

**教育的所有改革，都必须为达成教育之目的而展开，这是教育改革的逻辑起点。教育之目的在于培养以学生个人发展和终身学习为主体的核心素养，让每一个学生认知生命的存在，思考并敬畏其存续的意义。**

对学科价值的追寻是教育发展过程中的必然选择，是我们对公平和质量两大教育任务深入思考后的共识，体现着我们对学校价值与品质提升的关注。

学科价值来源于学科固有的属性，对其至少有三点理解：该学科是什么，该学科对学生发展的意义，该学科对社会的存在价值。学生核心素养隐含在课程目标、课程内容、课程实施与课程评价中。一方面，核心素养指导、引领、辐射学科教学，彰显学科教学的育人价值，“教学”升华为“教育”，另一方面，核心素养的达成，依赖各个学科独特育人功能的发挥、学科本质魅力的发掘。课程是培养学生核心素养的根本途径。

……

放慢知识的脚步，关注每一位学生的生活状态与生命本质，理清教育过程中主客体的对立与统一，把握每一位生命个体的存在价值与未来人类社会发展的相互关联。

这就是教育的真问题。

教育永远没有尽善尽美，教育亦不需要尽善尽美。教育就是生活，就是过日子，她缓慢而优雅，急不得、慢不得，停不得，更折腾不得！

小学六年，比任何学段都长，自有它的特殊性：那就是为每一位学生的身心发展奠基，为每一位学生的终身学习奠基，为每一位学生走向社会奠基。

……

教育家陶行知先生说过：

国家把整个的学校交给了你，你就要用整个的心做整个的校长。

老百姓把孩子送进了学校，便在不知不觉中把整个家庭托付给了学校。

这两句话永不过时。

我们共同努力：做整个的校长，做真心的老师，办真正的学校。”

与《教育时报》的合作与交流持续进行。

2016年本人被教育时报社评为“河南年度教育新闻人物”，2018年10月，《教育时报》庆祝改革开放40周年活动在我校举行，2019年本人又被《教育时报》表彰为“河南省最有影响力校长”。

一路走来，彼此信任，相互搀扶，实现了教育媒体与学校的有效融合，我始终相信行动的力量。专业媒体人、教育名家、一线名师、名校长之间的融通交流，为学校、学生、教师、校长发展提供了更多可能。

《中国教育报》是我校教师非常喜欢的另一份教育专业报纸，她与《教育时报》优势互补，学校为每个教研组订了一份。当学校面对教育教学过程中的诸多困惑时，从这份报纸上你更容易找到全国各地教育同行们不同的解决方案。

《中国教育报》2019年全国校长大会在四川峨眉山举行，我有幸以嘉宾身份参加，并以“适合教育，让师生生活更美好”为题作了大会发言，传递了中原教育的声音。

2018年5月，北京师范大学英东礼堂，我以教育部中小学名校长领航班学员的身份参加了教育部基础教育司座谈会，结识了《人民教育》杂志社任国平主任。也许是巧合，也许是执着，作为面向国内基础教育最重要的教育专业期刊之一，我校已组织教师连续十年集体订阅。2020年第5期《人民教育》

以“新时代学校气质：人文、科学与审美的融合”为题登发了我担任校长17年的一些思考。

摘录几段：

“好的学校一定是有人文情怀的学校。我们始终坚信学校是每一个人的学校、为了每一个人的学校、需要每一个人的学校、成就每一个人的学校。”

“用科学的精神寻找学校发展、师生成长的核心密码。教育有其自身规律，它关乎人的生命与灵魂，关乎民族的前途与未来，办学更是如此。我们走在探寻教育规律的路上，但距离真正熟知并掌握规律又很远，这就要求管理者的一切决策当慎重。”

“唤醒每个人心灵深处对‘美’的敬仰，把人文、科学的光辉融入教育、国家、民族与人类的伟大存在之中。”

“我们共同期盼：教育回归本原，变得干净朴素；学校成为家园，变得美丽宁静；师生教学为乐，享受尊严幸福。

到那时我们便可以用王阳明的方式回答：‘此心光明，亦复何言！’”

教育与教育专业媒体融合，相互信任，共担共创，砥砺前行，由此，我感受到了时代变革的力量！

**雷振中** 安阳市豆腐营小学校长

第13届河南教育名片——安阳市豆腐营小学（现盘庚小学）校长，全国基础教育教学高级人才，全国德育工作优秀校长，河南省中小学名校长。

# 借助媒体影响力 提升学校软实力

## ——安阳市盘庚小学品牌发展之路的探索与思考

未来世界的竞争就是科技的竞争，科技的源泉就是教育。因此当今世界各国都把人才培养放在首位。对于一所学校来说，占地面积、教学大楼、教学设备、师资力量、经费投入等非常重要，学校硬件设备的升级换代，我们可以把它视为“硬实力”，是一个学校的骨架。但是，**对于建设一所现代化的品牌学校来说这些远远不够，必须得有一定的文化“软实力”做支撑。**

学校建设应该在硬实力和软实力间找到一个平衡点，既要注重硬件建设，也要追求软实力的全方位提升。提升“软实力”，主要体现在发掘学校的历史积淀及塑造学校的办学理念上。纵观我校跨越发展的13年，翻天覆地的硬件改观，老百姓有目共睹；独树一帜的“根文化教育”也得到了广泛的社会认可和广大家长的认同。我们是怎么做到的呢？可以说，宣传报道功不可没，提升学校软实力，离不开社会各方面的支持与帮助，在我看来，善交媒体、善用媒体，借用专业媒体的力量，全方位参与、融合性发展、多层次提升学校美誉度和社会影响力，使学校软实力得以迅速提升，不失为一个好方法。

## 善交媒体，扩大影响

为扩大影响，树立教师自信，抓住每一个重要时段，把新闻媒体请进学校；我们也紧紧抓住每一次机会走出去，宣传推介学校。2008 年，是我就任豆腐营小学校长（以下简称豆小，现盘庚小学）的第一年，豆小当时在北关区乃至安阳市位居下游，我报到前根本不知道豆小大门朝哪开，可以说当时的豆小是北关区一所籍籍无名的薄弱学校，借用老师们的话“豆小就是北关小透明”。2008 年汶川大地震后，我校接收了两名从四川到我校就读的学生，全体师生捐款捐物帮助他们共渡难关，河南电视台及安阳电视台进行了专题报道，“大爱豆小、博爱豆小”得到社会的高度评价。同年 9 月接到区教育局指示，让我校参加安阳电视台《阳光对话》栏目，且是现场直播，当时心里十分紧张、忐忑不安。我刚到豆小几个月，讲什么？怎么讲？可以说是一头雾水。既然上级把如此重任交给我校，首先是领导对我工作的认可与信任，在豆小工作、生活的几个月，虽然没有惊天动地的大事，那就借助新闻媒体讲一下我们新一届领导班子的办学理念和奋斗目标吧。当时《阳光对话》栏目是安阳市收视率、群众关注度极高的栏目，没想到播出后社会反响很大，一下子豆腐营小学的名字就广为人知了，也让我见证了新闻媒体的力量。

2008 年，我校新一届领导班子结合豆小现状，明确了办学思路，确定了学校近长期发展规划，用十年时间实现“由小变大、由大变强、由强变精”的奋斗目标。宏图已绘就，船行需借力。13 年间，我们多次邀请省市主流媒体到校参观指导，《安阳日报》《安阳晚报》《河南法制报》《东方今报》《河南科技报》、安阳电视台等多家媒体助力学校跨越发展，多篇幅对学校进行跟踪报道。借助媒体的广泛影响力，宣传学校办学理念及育人氛围，让老百姓耳闻目睹深刻感受学校的变化，取得事半功倍的效果。

你若盛开，蝴蝶自来。骄人的办学成绩，鲜明的办学特色吸引着四面八方的教育同仁争相前来观摩学习。各路新闻媒体也对我校特色教师培训六期《读书推介会》、三期《豆小好声音》、三期《教学因图而精彩》连续追踪报道。2015 年我校率先在全市把平板电脑引入课堂，带着电脑去上学这一几代人的梦想在豆小实现，因此，《安阳广播电视报》进行了整版报道，《安阳日报》、安阳电视台也多次对我校此项工作进行报道，助力了我校跨越发展。

## 善用媒体，提升实力

我校在13年的跨越发展中，积极借助媒体优势，抓住有利时机，积极参与，融合发展，从而提升学校软实力。2018年4月我校由区教体局推荐参加河南教育新闻中心和河南教育时报主办的“河南教育名片”评选活动，经过前期申报、组委会初评、专家及媒体代表复评等环节，我校从近百所学校中脱颖而出，成功入选第十三届河南教育名片，我在发布会上作了《培养具有中国根基的世界人》的主题报告，底蕴厚重的“根文化教育”赢得现场阵阵掌声，也吸引了新闻媒体，争相报道，《安阳日报》以“乐享根文化教育成果　开创智慧教育新篇章——探寻市豆腐营小学打造河南教育名片之路”为题、《安阳晚报》以“市豆腐营小学荣膺河南教育名片”为题先后报道，《教育时报》以“培养具有中国根基的世界人——教育之根源与智慧”为题在教育名片特刊进行了专题报道，一时间豆小蜚声省内外，可以说新闻媒体助力豆小插上腾飞的翅膀。

2019年9月20日，《安阳日报》头版以：“根文化引领创品牌教育”为题，高度评价我校在习近平新时代中国特色社会主义思想指导下的新作为。在我校紧锣密鼓更名之际，我有幸入围由河南教育新闻中心和《教育时报》组织的第二届河南省最具影响力校长评选，此次活动得到了省教育厅的具体指导和各级教育行政部门、各地中小学的大力支持，活动五年一届，从历届河南教育名片学校校长中产生了20名候选人。看似是个人奖项的投票，其实老百姓投出的每一票都是对学校综合实力的评价。在最具影响力校长投票期间，借助《教育时报》这一平台，10天时间，投票活动访问量达2300万，共有84.8万公众参与投票，根据微信投票情况，候选人得票的前15名进入终评。经过前期申报、媒体初评、集中宣传、公众投票、专家终评等环节，我以63800票高票荣膺第二届河南最具影响力校长，我校的知名度、美誉度进一步得到提升。《安阳日报》以“文化育人质量强校——市盘庚小学校长雷振中获第二届河南最具影响力校长称号”进行报道，2019 年 11 月 15 日、2019 年 11 月 18 日《教育时报》分别以“不拘一校一域，携影响的光芒为中原领航”“雷振中：扎根甲骨文故乡，他找到了教育的根之所在”为题分别进行了报道。作为一名校长，通过《教育时报》搭建的平台，再次让我真切感受到教育媒体的力量，正如一位投票人在朋友圈所发：因为一个人影响了一座城。

丰富多彩的校园社团活动，借助媒体各种资源优势，积极组建《安阳日报》小记者社团，发动学生广泛参与。多位学生在《安阳日报》少年版发表作文，孩子们文学素养的提升，受到家长、社会的赞誉。2015~2019 年间我校依托全国骨干校长培训班平台，连续举办了五届全国智慧大课堂，共有来自上海、天津等 20 余地市 4000 余人次观摩学习，在教育同仁中反响强烈，活动盛况连年被《安阳日报》报道，我校已成为北关教育领头雁、安阳教育急先锋、河南教育名片、全国教育示范校。

## 善借媒体，更深漫溯

在 13 年的跨越发展中，我校积极加强与媒体沟通，善于借助媒体力量，为工作的顺利开展争取更多的舆论支持。

2017 年，安阳电视台《基层党员风采》栏目以《心中有梦想　脚下有力量》对我进行了专题报道，我校扎实规范的党建工作借此被上级党组织慧眼识珠，三年中迎来多批参观团队。2019 年安阳电视台《慧聚安阳》栏目对我进行人物专访，2019 年《安阳新闻》报道了我在“河南省首届中韩小学校长研学高峰论坛”上的发言，再次让社会聚焦盘庚小学。此外，我校一年一度的“展学生素质扬军校风采”军事技能大赛、师生期盼的“盘庚春晚”等都被《安阳日报》《安阳晚报》等媒体连续报道。

解放思想，转变作风，树立改革创新、合作共赢的意识，**通过媒体，把本单位的所作所为展现出来，择其优者而扬之，其不优者而改之。**全体盘庚人将继续秉承“跟进不是盘庚人的性格，引领才是盘庚人的风格”的办学信念，在“根文化教育”的路上，在立德树人的路上，更加坚定、更加从容地走下去！

**张秋萍** 河南省实验幼儿园园长

河南省实验幼儿园园长、党委书记，中小学正高级教师，享受国务院特殊津贴，河南省特级教师，河南省优秀专家。先后出版课程指导系列丛书 5 本，儿童食育系列丛书 18 本等，填补了我省无食育教育课程与教材的空白。2018 年获基础教育国家级教学成果二等奖。

# “请进来”“走出去”描绘教育成果推广蓝图

时光荏苒，岁月如梭，自 2001 年接任河南省实验幼儿园园长以来，我带领全园教职工以“高标准”“高质量”“严要求”做好幼儿教育教学改革发展工作，成功将河南省实验幼儿园打造为河南省第一所构建了幼儿园食育课程体系的幼儿园、第一所按照子午流注安排作息的幼儿园、第一所设立食品安全快检中心的幼儿园、第一所采取动态编班管理的幼儿园、第一所将幼儿服药率从 2011 年的 3.92% 降至 2017 年的 0.21% 的幼儿园、第一所拥有幼儿研学基地的幼儿园，也是河南省迄今为止第一所且是唯一一所获得国家级基础教学成果奖的幼儿园，这一个又一个的“第一”使得河南省实验幼儿园成为河南教育一张亮丽的名片。

## 一、请进来——诚邀宾客入家门，教育盛宴表寸心

### （一）发挥优势，组织教育专题研讨与观摩活动

历经 13 年，基于中国传统文化的幼儿园食育探索形成了具有中原地区特色的办学理念，成熟的食育课程体系是我园的优势，基于这一优势，我们举

办了多场食育专题研讨与观摩活动，其中规模最大、影响深远的一场是2017年7月3日–7月5日的“首届儿童食育研讨会”。在这一想法付诸实践以前，我获得了河南省教育厅、河南省学前教育发展中心的支持，并联系了新地球天然食品联盟、春兰食养文化传播公司以及北京东方乐活国际文化交流中心，得到了这些单位的帮助，借助互联网平台广泛向国内外关注食育发展的人士发起了邀请，收到了1200余人的报名信息。3天的专题活动规划为主题报告、平行工作坊、校园观摩，邀请了中国、日本、意大利等多个国家的食育专家作主题报告，**6个不同主题的平行工作坊同时运作，一场场食育盛宴让前来交流学习的人不虚此行，也将河南省实验幼儿园的食育办园特色传播到国内外的各个角落。**

**（二）主动出击，积极承接省内外教育调研及培训活动**

在探索幼儿教育教学改革的过程中，我特别留意各级教育部门发起的教育调研活动，主动邀请教育调研团队前来我园开展教育调研活动，其中迎接的规格最高的一场调研是由教育部副部长郑富芝所带领的调研团队。2019年4月在河南省教育厅毛杰副厅长的陪同下，教育部副部长郑富芝来我园大河春天校区开展了调研活动，逐一参观了校园的环境创设、保健室、幼儿班级、种植区、户外活动场地，了解了河南省实验幼儿园的子午流注生活作息安排，听取了我对幼儿园童本课程和食育理念的解读。郑部长对我园给予了高度评价：“这是一所品质很高的幼儿园，对中国学前教育做出了巨大贡献，如果幼儿园都办成这样就好了。”

自2015年独立承办“国培”项目以来，我园始终坚持扎根中国大地办“国培”的思想，以农村幼儿教师需求为出发点和归宿点，积极探索运用有效的培训方式方法，满足乡村教师多样化的培训需求。几年来培训河南省、贵州省、云南省乡村幼儿园教师4500名，连年保持“注册率100%、参训率100%、整体满意率100%”，一大批“种子”教师在农村生根发芽、开花结果，显著提高了河南及云南、贵州农村幼儿园教师队伍素质，扩大了河南学前教育的影响力，助推乡村学前教育的发展。

### （三）敞开大门，广迎专家与同行

一所学校教育成果的推广与宣传离不开教育专业领军人物的认可与支持，基于这一认知，我积极前往各大师范院校以及教育研究院拜访学前教育领域的专家人物，虚心请教幼儿园教育教学改革问题。在食育课程的研究中，成功获得了北京师范大学沈立博士，华东师范大学华爱华教授、周念丽教授，东北师范大学王小英教授，河南大学冯婉桢教授，广州大学叶平枝教授等专家的指导，构建了国内第一套幼儿园食育课程体系，出版了《幼儿园食育课程指导》《幼儿园食育环境创设》《耕读苑的故事》以及十三册《儿童食育系列绘本》。为了宣传和推广教学成果，我与前任中国学前教育研究会理事长冯晓霞教授和现任理事长虞永平教授取得联系，冯晓霞教授多次前来我园指导教育教学工作，借此机会，我积极向她展示河南省实验幼儿园的教育教学改革成果，获得了冯晓霞教授的高度认可，在她的推荐下，我在多个学术交流场合介绍了我园的食育探索成果，进一步提升了我园食育改革的影响力。海纳百川，有容乃大，本着开放、包容的理念，河南省实验幼儿园迎接了北京、上海、河南、河北、山东、湖南、湖北、山西、甘肃、内蒙古、贵州、广西、江苏、浙江、深圳等多个地区的幼儿教育考察团队。

## 二、走出去——巧借东风好扬帆，善假于物美名传

### （一）积极参与教学成果博览会

为推广和宣传教学成果，每一年各级教育行政部门都会举办相关的教学成果博览会，都是我重点关注的宣传途径与载体。我园参与规模最大的一次教学成果博览会是 2018 年 11 月在珠海举行的为期 3 天的以“汇聚、碰撞、变革”为主题的第四届中国教育创新成果公益博览会，由北京师范大学所举办。

2018 年，我园《基于中国传统文化的幼儿园食育创新实践研究》获基础教育国家级教学成果奖二等奖。为参加这次活动，我便主动联系中国教育创新成果公益博览会在河南区的负责人，积极准备各类申报材料（成果展览板、教育创新成果说明表、成果使用证明材料、成果承诺书）。在报名成功后，我园 4 位优秀教师带着相关的食育成果材料前往珠海参与展览活动，创新的

成果及专业的解说在活动现场吸引了来自省内外教育工作者的驻足参观。展览结束后，有多个地区的同行主动联系我园，希望能够前来我园参观学习，在展示中树立了我园的食育品牌。

**（二）踊跃参加国内学术交流会**

2018 年我有幸结识了“安吉游戏”的领军人物程学琴女士，多次组织我园教师前往安吉学习教育改革经验，在我的盛情邀请下她多次前来我园指导“安吉游戏”的组织与实施，并且对我园的食育探索成果产生了浓厚的兴趣，于是我主动提出“河南食育”和“安吉游戏”联手，做“吃喝玩乐”的中国特色学前教育，赢得了程学琴女士的高度赞同。

2019 年 5 月“安吉·真游戏”国际研讨会在浙江安吉隆重召开，来自 22 个国家 300 名相关领域专家学者和一线实践者出席本次大会，同时有 20 多万教育工作者在线关注。由于我园的教学成果给程学琴女士留下了深刻的印象，于是她力邀我在会议上作主题发言，抓住这一机会我认真准备，并在会议上作了“认·真·玩”的发言，分享了实践安吉游戏对我园孩子成长、教师发展带来的变化，以及“游戏”与“食育”的创新结合，让孩子吃得健康、玩得快乐，赢得国内外专家学者的阵阵掌声，为幼儿教育的改革与发展贡献了中国智慧，提高了河南省实验幼儿园在国际上的知名度。

## 三、共发展 —— 一枝独秀不是春，百花齐放春满园

习近平发展观的核心理念是“共享”，强调“让广大人民群众共享改革发展成果”。作为在学前教育领域奋斗了近 40 年的人，我深谙这一思想的重要性，这是我们实现“共同富裕”目标的必要途径。因此，**秉持“共享教育发展成果”理念，我在探索幼儿教育改革与发展的同时，积极将教学成果传播到每一个需要的地方，**力争让所有的幼儿都能享受到教育发展的成果，为“教育公平”贡献一份力量。

多年的食育探索成果引起了学前教育领域学术专业期刊的关注，我也有幸结识了学前教育研究杂志的总经理杨文，并接受了其对食育成果的约稿。2018 年 6 月，当我得知学前教育研究杂志社将要组织中国精英园长联盟公益

活动“为爱行走”时，我接受了杨文的邀请并参与此次帮扶活动，为当地的幼儿园带去了原创食育绘本《向日葵的故事》系列教学活动，并且作了题为“中国特色的学前教育——食育”专题讲座，分享了我园多年来致力于基于中国传统文化的食育创新实践研究成果，传递出构建“食育”这一中国特色学前教育课程体系的理想、信念和决心。

除了参与“为爱行走”系列公益活动之外，我还积极向愿意探索和实践“食育”的幼儿园发出橄榄枝，主动提供食育环境创设帮扶和食育课程建设支持，截至目前，我园已建立了43所“河南食育”推广基地，并在河南省教育厅的支持下，筹建100所河南食育试点园。

一枝独秀不是春，百花齐放春满园。一个幼儿园的发展壮大不代表教育的进步，只有每一所幼儿园都在发展的道路上前进才能提升中国教育的质量，而我作为一名省级示范性幼儿园的园长，怀揣着崇高的使命感和强烈的责任感，坚持“请进来”“走出去”，宣传和推广我园教育教学改革发展的成果，让河南省实验幼儿园不仅引领河南省学前教育的发展，更要为中国乃至全球学前教育的发展贡献中国力量和中国智慧。

**王献甫** 河南省实验小学校长

河南省实验小学校长，特级教师，河南省教育厅学术技术带头人，河南省教育系统优秀管理人才，河南省教育学会第七届理事会副会长，积极发挥名校社会责任，开展协作共建和教育精准扶贫，为全省树立了典范。

# 蓄势谋势，借力发力

长期以来，河南省实验小学遵循教育规律，全面践行素质教育，为社会培养了大批人才，在家长和社会中享有广泛的美誉度。近年来，学校对标全国、全省教育大会精神，以“凝聚实验精神，培育时代新人”为己任，抢抓奋进新时代的历史机遇，坚持“守正创新，行稳致远”的工作指导思想，以高品质的教育教学质量塑造学校品牌，充分利用各种对外交流和协作共建活动，多元立体地展示了学校奋进新征程的崭新风貌，使学校美誉度上到一个新的台阶，增进了家长对学校的信赖度，全面增强了学校的品牌影响力。

## 一、打造小学实验学会专业平台，促进会员协同发展

我校是“河南省教育学会小学实验研究专业委员会”（以下简称：小学实验研究会）理事长单位。小学实验研究会本着“内涵发展、提升品质”的目标，直接服务于省内广大小学一线教师和管理者，以召开年会和校长论坛的形式，为省内各地校长提供了一个充分沟通、广泛交流的平台。2019 年 5 月 10 日，河南省小学实验研究会召开了第三次会员代表大会，我校当选为第

三届理事长单位，我也当选为学会理事长。

学会倡导教育家办学，在密切政府与广大教育工作者的联系，助推教师专业发展等方面发挥重要作用，成为我省基础教育改革的重要学术力量。2019 年 6 月，学会第三届理事会为了汇聚教育智慧，进一步聚焦时代主题、提升学术品质，充分发挥学会在专业引领、教学研究、学术交流等方面的作用，对学会的发展进行了新规划。一是坚持守正创新，增强学会活力，积极开展学术活动；二是办好每年一次的校长论坛和学术年会，进一步拓宽教育视野，促进教育均衡发展；三是发挥好专家学术委员的作用，开展教育教学改革指导。

为了深入贯彻落实全国教育大会精神，鼓励和支持我省基础教育工作者广泛交流、大胆实践，2019 年 11 月 5 日至 6 日，小学实验研究会在重庆举办了“新时代背景下的小学课程建设”主题校长论坛，全省各地一百余位校长、教师参加了本次论坛活动。本次论坛活动的主要议题有：

1. 聚焦课程发展，共同谱写新篇

本次论坛把“课程建设”作为主题，旨在进一步推进我省基础教育课程建设，发挥课程育人功能，提升校长的课程领导力。论坛把学生的个体发展需求与国家和社会对未来公民的需要结合起来，紧扣培养堪当民族复兴大任接班人这一主旋律，构建“五育并举”的课程体系，培育具有“爱党报国”之志的时代新人。

2. 参观校园环境，触摸名校魅力

论坛组织会员走进谢家湾小学等名校，零距离与名校的校长和老师展开交流。从环境文化建设、价值文化建设、教室文化建设、学生文化建设、课程文化建设六大维度全方位深入了解谢家湾小学“小梅花”课程体系，让人耳目一新，加深了大家在课程价值引领、课程制度建设、课程实施途径、课程评价策略等方面的理解与认识。

3. 聆听专家报告，感悟课程精髓

论坛邀请谢家湾小学的领导聚焦“小梅花”课程，给会员代表带来了《学校课程改革》讲座；人和街小学的领导以“学校课程与文化”为题，系统讲解了“人和六质”课程体系：和德、和健、和雅、和理、和美、和融六大课程群。一场场精神大餐，让参会的河南教育同仁一起学习着、思考着、分享着、收获着。

4. 论坛交流分享，共话课程改革

会员单位的校长就自己学校的课程实施与大家进行了积极交流。在各片区推选的基础上，共有四所学校参与了现场展示。洛阳实验小学的体验式课堂及项目式学习、安阳市北门西小学的国学经典课程、开封市第一师范附属小学的醇香园课程、许昌实验小学基于核心素养的课程改革，给参会的近 100 多名校长代表带来了深入思考，提供了课堂改革的优秀范例。

在河南省小学实验研究专业委员会这个平台上，河南省实验小学当好领头雁，与广大河南教育同仁一道唱响了立德树人的最美和声，促进了会员单位共同卓越生长。携手共进，担当、思考、领悟、蜕变，为河南基础教育更加出彩做出了积极贡献。

## 二、借势河南教育名片品牌，展现学校先进办学理念

2019 年 4 月，由河南教育新闻中心和河南教育时报社主办，我校承办的第 16 届河南教育名片发布仪式暨“新时代小学教育观摩研讨会”如期举行。全国知名教育专家、河南名片校长、骨干教师在这里汇聚一堂，为河南省新时代小学教育的发展奉献了一场思想和视觉盛宴。借助此次教育名片发布活动，河南省实验小学全方位开放学校，向与会代表展示了我校的办学理念、社团活动、示范课程，同时也奉献了一台精彩纷呈的综合素质展示演出，受到全省各界教育同仁的广泛赞誉，进一步锤炼了学校品牌，提高了社会美誉度和影响力。

### （一）借助名片东风，广交共建情缘

4 月 19 日，在第 16 届河南教育名片发布仪式暨“新时代小学教育”观摩研讨会上，在省教育厅的亲切关怀下，我校与黑虎庙小学正式结为“协同发展共建单位”，省教育厅副巡视员吕冰为河南省实验小学与黑虎庙小学“协同发展共建单位”授牌。在过去的一年里，两校从党建共建、远程教育、教师培训等 6 个方面入手，在硬件、软件、师资培训等方面与黑虎庙小学开展

全方位的共建，让两校的教师进一步成长、学生进一步发展，让城乡孩子在同一片蓝天下共享教育快速发展带来的丰硕成果。

### （二）展示多彩课程，共育时代新人

在本次教育名片发布活动中，我校6位优秀教师从语文、数学、英语、思政、科学、班会等不同方面向与会代表展示了6节观摩课；精心设计了18条校园文化观摩路线，使与会代表全面深入地了解学校30余个社团课程；举行“大美实验，筑梦中原”学生综合素质展示活动等，参会代表们被我校精彩课堂、丰富的课程、活力的社团深深吸引，纷纷表示：“省实验小学太精彩了，这是一个来了就不想走的学校！这里的学生太幸福了！”

### （三）拓宽教育视野，确立发展格局

在全省教育名片大会上，全校师生以饱满的热情和全面的综合素养，赢得了与会领导、专家和老师们的赞扬，这次盛会是一次实验精神大凝聚、实验成果大展示。**搭上教育名片的“顺风车”，彰显示范，发挥引领，协同共建，把省实验小学追求卓越、向善向上的精神进一步发扬光大。**

## 三、多渠道跨平台携手育人，全方位展示学校风貌

### （一）承办2018年基础教育改革座谈会

2018年5月，民进中央2018年基础教育改革座谈会在我校召开，全国人大常委会副委员长、民进中央主席蔡达峰，教育部副部长朱之文，民进中央副主席朱永新，河南省副省长霍金花参加座谈会。在座谈会上，我校作了以“深化义务教育阶段教育教学改革，提升教育质量”的专题汇报，就课程建设、因材施教和教师能力建设等问题进行了交流，贡献了实验人的教育智慧。

### （二）承办国培计划——中小学教师专业能力建设项目

近年来，学校多次承办“国培计划－乡村中小学教师专业能力建设项目”，我校的专家型教师登上讲台，为学员开展专题讲座、课例分析、自主研修、实践研讨、专家点评等培训，帮助参训的学员全面理解、准确把握新时代教育发展与变革，开展教育教学实践，更新专业知识结构。同时，通过举办国培项目，我校也锻炼了教师队伍，积累了一大批优质的教学资源。

**（三）承办河南省戏曲进校园启动仪式**

2017 年 5 月，我校成功承办河南省戏曲进校园活动启动仪式，我校学生表演的《朝阳沟》《红灯记》《穆桂英挂帅》等经典剧目在活动仪式上大放光彩，学生李明谚还参加了《梨园春》栏目的比赛，并在河南省少儿春晚上演唱戏曲。在本次活动中，充分展现了我校在传承中华优秀传统、学生艺术素养等方面丰厚的文化底蕴。

**（四）组织学生积极参与各级各类特色活动**

**多年来，我校坚持五育并举，在素质教育方面取得了累累硕果，学校积极创造各种机会，为学生提供了展示自我的舞台。**我校与河南博物院密切合作，成立“国宝讲解小明星”志愿者团队，开设中原传统文化教育专属课堂，全面提升孩子们的文化涵养；组织学生参加青少年模拟联合国峰会，用国际眼光思考问题、讨论问题、解决问题，帮助学生成长为拥有国际视野和创新精神的“世界公民”；应央视导演组的邀请，我校多名学生参与 2019 年拜祖大典的快闪活动，用歌声表达对华夏祖先的敬仰；在省教育厅主办的“小小百家讲坛”中，我校学生走上讲坛，讲述关于传统礼仪、孝长敬亲、英雄人物的故事，进一步加深他们对中华优秀传统文化、传统美德的理解；参加河南电视台举办的《童声咏经典》节目，用流行的音符唤醒传统诗词的生命力，让学生的品格变得坚毅、充满力量……

“潮平两岸阔，风正一帆悬”。乘着新时代的浩荡东风，我校结合自身实际，守正创新、持续求变，把专场主题活动办出新高度、新水平，更出彩。同时，搭好各种“顺风车”，积极参与各项交流展示活动，多元立体展示风貌，奋力实现学校再发展、再跨越，为河南基础教育更出彩做出新的积极的贡献！

**李慧军** 濮阳市第二实验小学校长

濮阳市第二实验小学校长，正高级教师，全国劳动模范，享受国务院特殊津贴，全国巾帼建功标兵，河南省第二届最具影响力校长，荣获 2018 国家级教育教学成果二等奖。出版著作《评赏阅读教学法》《教育因适度而精彩》等。

# “求多赢”，活动促发展必循之道

校长要快速发展好学校，必须善于“借力”，特别要借活动之力引领教师专业发展，进而促进学校办学水平提升。要办好学校，必须有“借力发展”的开阔思路，这似乎已成共识。

对学校而言最值得借力的活动无外乎两类：一类是土生土长的以解决问题促进发展为目的的校本专场活动；一类是别人搭台我唱戏，以追求参与效益扩大影响为目的的“顺风车”活动。**要借力以上活动，都必须以“求多赢”为基本价值追求，探索全面发展的必循之道。**

## 一、专场活动设计四部曲

### （一）瞄准问题，找到活动设计的切入点

2012 年 8 月，我调入濮阳市第二实验小学任校长，当时学校正处在危房改造的困难时期，学校的管理制度、队伍思想、课程建设、文化环境等方面都需要重新梳理，教学质量也不容乐观。

为了快速发展，我广泛调研，把脉问诊，抓班子、带队伍、振精神、明方向、

强师德、铸师魂，抓基础、定规范、搞改革、提质量、促成长、谋发展，开设二实验讲坛，一年时间，一连串的专场活动组合拳打下来，教师队伍精神振奋，出现了人心思十、人心思变、人人思发展的大好局面，为进一步提升质量打下坚实的思想基础。

**（二）谋求多赢，保持活动设计的高站位**

习总书记提出的坚持共商、共建、共享，最终实现互联互通的一带一路倡议，给我们以启示，**能否设计一种“利己”又“利他”，“共赢”又“多赢”的活动，并且实现效益最大化，把自己所拥有的全国各地的名校资源，变为我们互助共赢共同发展的强大助力呢？**

“借力、借力、借活动之力”，在2016年春节假期中，我突然跳出一个想法：搭建“适度教育大讲堂”平台，来推动现存问题的解决。后经几天的沉淀酝酿，思考渐渐成熟，我便召集班子会，大家分析活动意义和价值，讨论活动思路，研究活动实施，确定关键环节，自2016年春季学段开始，由濮阳二实小主办的每学期2到3期的面向全市、全省乃至全国友好名校的“适度教育大讲堂”活动就诞生了。

**（三）完善方案，追求活动实施易操作**

活动宗旨和指导思想：为提高课堂教学质量，更新教师教学观念，开阔教师眼界，提升全校各科教师课堂教学能力，推动广泛交流、促进共同成长、实现优质资源共享和广泛参与共赢。既为本校教师又为兄弟学校教师成长发展创造机会、搭建平台，实现活动效益最大化。

活动实施：充分利用所拥有的优质教育资源，面向市内外、省内外名校招募各学科优秀教师现场做课；先从语文、数学开始（现已发展到八个学科），每期一个学科，每学科半天时间，半天内安排4+1，即4节现场课（其中1节为本校教师做课，其余3节为外校教师做课），一位知名专家评课。后来又发展为每学科一天时间，上课为6+1，即一天上6节课（上午4节，下午2节），再加上一个小时的学科教研情况校际交流，每校10分钟。

活动安排：学期初把本活动纳入学期工作计划，排进周例表，随后通知各兄弟校并给省内外友好名校发出邀请函，通知上报做课人及课题，可同课异构，也可同台异课。

做课人待遇：为充分鼓励做课人，我们以河南省十三五规划课题《“适度教育”内涵与实践研究》课题组名义给做课人颁发纪念证书。（现由于该活动得到了濮阳市教育局的大力支持，还要再为做课人颁发加盖市教育局中小学教研室的示范课证书。）

听众来源：本校相应学科所有教师；25 所适度教育加盟校教师团队，省内外名校校长带领的做课听课教师团队，还有慕名而来的教育同仁。

**（四）广为受益，确保人人向往可持续**

前后 4 年半时间 39 期活动做下来，“适度教育大讲堂”所产生的效益和影响已远远大于当初设计活动的预期。

第一，本校师生受益，学校受益。该活动促使本校教师队伍快速成长，促进课堂教学质量大幅提升，2018 年就实现了全市教学质量千分量化考核总分第一的好成绩，而且两年蝉联冠军，使我校成为名副其实的教学质量先进校，实现了建校 30 年来的零突破。

第二，让做课教师和送课学校受益。该活动成为广大教师展示才华、实现梦想、相互交流、共同成长、人人向往的舞台，同时，也为校际相互学习、深度交流、全面互鉴搭建了共赢平台。

第三，它让前来听课的学习者受益。截至目前，在“适度教育大讲堂”平台上做课的教师达 300 余人次，听课受益教师达 1.5 万余人次，参与学校涉及全市五县四区和全省各地市，以及来自福建、海南等外省市学校共计 200 余所。

5 年下来，这里真正成为广大教师向往的舞台，甚至出现了由于教师热情高，送课学校指标不够用，不得不采取校内比赛让胜出者登台上课的现象。至此，活动的意义与价值已不言而喻，普遍赞誉已不在话下。

## 二、参与“顺风车活动”四突出

人是在不断学习借鉴中获得成长和发展的。为开阔教师视野，谋求学校新的发展，我十分重视带领老师参加一些有价值有意义的活动。

一般来讲，我最支持的顺风车活动有两种：一种是单纯以听众身份参加的干货满满的专题培训或者名校参观的学习活动；另一种是别人搭台“我唱戏”的团队展示活动。**无论参加哪种活动都必须突出四要，即突出学习之要，突出成长之要，突出分享之要，突出践行之要。**

2018 年，我校的《适度教育内涵与实践研究》课题研究成果荣获国家级教育教学成果二等奖，同年 11 月，应中国第四届教育教学创新成果博览会主办方之邀，我校要在会上举办“适度教育论坛”。那么该如何把握这一机会，利用这么高、大、上的平台，来促进队伍提升，实现多赢呢？重点我们突出了四要。

**（一）突出学习之要**

首先，我们选择了一支学习力、成长力、分享力都很强的优秀团队参加活动，并提出明确的学习要求。参加活动之前，我们针对所要参加活动的特点，召开相关人员特别会议，强调参加活动的目的、意义，分学科分小组划定必学内容，提出自选学习项目和要求，让人人明确自己的参会目的，即带着任务去参会，更便于广泛而深刻地学习。

既然是全国性的教育教学创新成果博览会，学习价值一定很高，而且学科齐全，所以大家必须首先基于自己的学科进行涉猎和学习，其次进行跨学科学习，以及无处不在的生活性学习等。诸如场景布置、会议组织、活动安排、甚至学习每一位成果发布人的精神品质等，这个有 10 万余人参加的成果博览会，可学习收获的东西之高之宽之多可想而知。

**（二）突出成长之要**

本来，邀请方告诉我，不搞论坛，搞一场校长报告也行，当然这样最省事，可如果只有校长一人上去做个报告即便讲得再生动又有什么意义呢？对学校而言，需要快速成长的不只是校长，还有一支队伍。因此，为做好论坛，我们迅速成立一个“1+8”的适度教育宣讲团，“1”是校长一个总报告，“8”是中层部门主任和班主任、学科教师代表分别从八个角度，来诠释适度教育的丰富实践。

两个半小时的论坛，成为本次博览会上时间最长、效果最好、人数最多、会场最静、影响最大的一场论坛，得到来自全国各地参会者的一致好评。在国家级会议平台上，一所学校竟有9位登台者得到锻炼，这次活动，不仅展示出我们的适度教育研究成果的丰富性和实践意义，还充分彰显了我们团队的战斗力和凝聚力，我校老师获得了宝贵的成长经历，他们由此而产生的荣誉感、成就感、获得感不言而喻，这其中彰显着的基本理念仍然是“求多赢，促成长”。

### （三）突出分享之要

分享是对成长程度的一次检验，更是实现参与活动效益最大化的必要延伸，所以，不能单单停留在追求参与的人数最大化上，还必须重视和设计一个必不可少的交流分享环节。

我们参加珠海活动共11人，自论坛结束后，大家一直处在激动之中，无论在餐厅吃饭还是乘车途中，一有机会大家就不停地交流、分享活动的收获，这种在学校从未有过的放松式交流分享，不仅使学习成长效益最大化，还增进了彼此之间的深层了解，增进了团结，孕育了团队精神。尤其是大家随时写下自己的心得，分享出来，转发到全体教职工的群里面，让更多的人受益、提升。

为了实现学习分享的效益最大化，我们规定，所有派出去参加学习的教师返校后，都要写出学习收获书面材料，找校长报销签字之前先提交给教导主任，教导主任根据其学习收获的实际，决定在多大范围内进一步分享，分享是我校对参加外出学习活动的要求。

### （四）突出践行之要

如果说成长是学习的目的，分享是学习的境界，那么践行则是学习的根本价值追求，学以致用。因此，每逢参加各种顺风车活动结束后，无论是直接学习者，还是间接分享者，我们都要求老师把活动中学到的较为前卫的理念和自己掌握的创新做法，在结合自己理解和思考的基础上，落实到自己的工作中，再写成经验文章，进而产生新一轮的学习—分享—践行，步入良性循环。这就是我们参加顺风车活动所想达到的目标。

总之，无论设计主场活动，参与“顺风车”活动，还是关注学生成长的引领性活动，都要把“求多赢，促发展，形成良性循环圈”为主要目标和追求，只有这样，活动才更有意义，更有价值。

**李　明** 河南省淮滨高级中学校长

教育部中小学领航校长、全国优秀校长、享受国务院特殊津贴专家 、全国优秀教师、国家骨干教师、中原名师、省政府特殊津贴专家、第二届河南最具影响力校长。国家级基础教育教学成果二等奖主持人。

# 好风“频”借力，润得桃李香

我始终认为，一位好校长不仅要会干工作，同时还要重影响、会宣传，要善于借助权威媒体信息平台来提高学校的影响力。教育是生命对生命的影响，这种影响无处不在、无时不在。

把丰富多彩的校园文化活动及时向社会、家庭宣传，有助于展示学校的办学与管理水平，展现学校的良好形象，取得社会各界对学校的理解与支持，提升学校的社会影响力。所谓“酒香也怕巷子深”，在竞争日趋激烈的教育环境中，加强学校宣传工作，将其作为重点工作来抓，已成提升学校凝聚力的共识。

## 一、理念为先，明方向

教育的本质是生命对生命的影响，而在影响的过程中必须借助一定的媒介，来实现教育功能在个体生命中的渗透和转化。因此，要想成为一个好校长，不但能把教育事业干出彩，还要能讲好校园故事，把学校美好的一面展示给公众，这也是“生命对生命的影响”的应有之义。

一切教育活动都是围绕人进行的，教育的本体应该是人。**教育可以延伸生命的长度、拓展生命的宽度、成就生命的高度。**基于此，我非常注重引领教师们把自己在教育实践中好的做法提炼升华，通过各种平台分享出去，去影响更多的生命。

我认为教育的重要意义是影响。从影响的平视角看，这种影响应该是相互尊重、平等交流、建构生成的对话；从影响的长视角看，这种影响应促进全面发展、满足个性需求、指向生命成长；从影响的深视角看，这种影响可以提升教师价值追求、规划教师发展路径、促进教师专业发展。因此，要重视优秀课堂的推广，重视名师专家的讲座或报告，重视重大教研活动的开展和宣传，以此来搭建形式多样的能促进师生生命成长的平台。

在影响的途径上，**我认为教育对人的影响是通过生命在自然场域中的相互作用来点燃精神、点悟心灵、点亮智慧。**作为育人者就应该不断地构建或寻求使生命间产生相互影响的“场域”。不论是班级举行活动，提炼升华后通过校园公众号推广，还是参与或组织大型的教研会议，通过较大的媒体宣传报道，其过程都是利用“场域”这个平台，来发挥教育的影响。

学校借助各种权威媒体，走进社会这个大的教育场域，融入时代的大潮中，使学校的教育活动产生更大领域、更深层次的影响，不仅提升了学校的影响力，也体现了学校教育之于时代的使命担当。

## 二、特色创新，谋发展

“多样化发展”“办出特色”，这是党和国家对普通高中提出的要求，也是提升学校影响力，满足不同潜质学生发展的现实需要。淮滨高中一直致力于特色创新发展，2016 年学校进入第三个历史发展时期——特色与创新发展时期。

学校特色就是教育思想的全面彰显和教育价值的不断体现。2016 年 11 月，在上海华东师范大学，教育部中学校长培训中心主持举办了“李明教育思想研讨会”，我作了《教育：生命对生命的影响》的专题报告；2017 年 3 月，由信阳市教育局、淮滨县人民政府主办的首届“中原名师信阳大讲堂”在淮滨高中隆重举行，“教育：生命对生命的影响”教育思想落地生根；2018年12月，教育部中小学校长国家级培训计划卓越校长领航工程名校长领航班李明校长工作室揭牌仪式暨“追求生命自觉”主题研讨会在淮滨高中举行；2019年11月，第16届河南课改先锋公益论坛暨“追求生命自觉”观摩研讨会在淮滨高中召开。

在“教育：生命对生命的影响”教育思想引领下，淮滨高中坚定地走特色与创新发展办学之路，成效渐彰，影响日广，其成果集中体现在以下几个方面。

一是学生发展。学校致力于培养学生的思辨品质、思维方式和思想方法；注重提升学生的生活能力、学习能力和发展能力，努力让学生拥有善良的品格、旺盛的生命力和高尚的灵魂。学校先后组建学生社团65个，受众人数在5000人以上，有38个社团获得市县级“优秀社团”荣誉称号；以创客空间为依托，构建了“2341”模式创客课程体系，近两年参加全国各类创新发明大赛及展览会，获得国家级金奖100多项，奖牌600多块，淮滨高中“未来空间”荣获“国家级创客空间”荣誉称号。

二是教师成长。学校始终把教师成长作为学校发展的第一要务，坚持“德能并举，做好学生生命引路人”的教师发展理念，促进教师自我成长。实施学科建设领航工程，依托名师工作室引领教师发展，目前有国家级名师工作室2个，省级名师工作室2个，国家“万人计划”教学名师1人，中原名师1人。特级教师4人，正高级教师3人，高级教师115人。国家级骨干教师4人，省、市级学术技术带头人及骨干教师69人。

三是文化建设。学校文化建设以培养学生的“生活幸福品质、生命精彩能力、使命担当精神”为目标，充分汲取中华传统文化的精华，以社会主义核心价值观为引领，以文明有礼、爱国敬业、创新文化为创建重点，构建了基于社会主义核心价值观的学校文化体系。

四是课程开发。学校本着价值性、丰富性、开放性课程设计思路，一方面实施国家课程校本化工程，另一方面积极开发学校特色课程，通过课程的丰盈和滋养，促进生命全面发展。构建了保障学校教育目标达成的学校特色课程体系；开发了16门校本课程；编写校本教材32册，其中《高中语文选修读本（上、下）》《诗意的节日》等获省级校本课程优秀成果一等奖。

五是课堂改革。淮滨高中坚守“促进学生生命成长”的初心，以“课堂教学是生命与生命的对话”理念为引领，从学生的学习需求出发，不断深化课堂教学改革。《“三段六块 立体交叉”课堂教学模式及课堂教学行动策略》获首届国家级基础教育教学成果二等奖，《“学习前置、问题驱动”主体性学习课堂教学模式》等6项成果获省级基础教育教学成果一等奖。

**一所学校的创新特色发展绝不是一蹴而就的，它需要长久浸润、不断积淀。**一所学校的品牌形象也不是短期就能塑造的，它需要有自己的特色内涵。正是基于这些年创新特色发展成就，才吸引了众多权威媒体平台合作宣传，实现了学校品牌的增值，极大地提高了学校的影响力。

## 三、借助活动搭台子

学校成立宣传团队，指定专人收集、整理活动资料，积极撰写新闻报道，积极为校内外新闻媒体提供新闻或素材，积极争取权威媒体信息平台媒体对学校宣传工作的支持、指导与配合。

“教书育人在细微处，学生成长在活动中”。在“教育：生命对生命的影响”教育思想引领下，淮滨高中开展了指向丰富生命内涵的主题活动、展示生命风采的文化活动、提升生命智慧的科技活动、绽放生命活力的健体活动等系列活动。学校认真组织开展各类活动，把活动办出精品、办出特色，并及时进行总结和报道。通过一些有影响力的活动开展，搭建了沟通的平台，吸引权威媒体争相报道。

2018年12月17日，教育部中小学校长国家级培训计划卓越校长领航工程名校长领航班李明校长工作室揭牌仪式暨“追求生命自觉”主题研讨会在淮滨高中举行。来自全国各地的教育专家以及媒体朋友共300余人参加揭牌仪式及主题研讨会，社会影响力很大。我们研究如何利用好本次活动，提升学校的社会影响力；如何做好宣传媒体联络对接工作，及时宣传和报道活动情况。

为做好此项工作，我们提前联系了《大河报》《信阳日报》等多家媒体，做好媒体采访的登记工作，提前与媒体朋友们见面，了解他们的采访要求，告知活动的时间和地点。活动期间，指派专人与媒体对接，做好各项服务，保证了此次采访活动的圆满成功。除学校宣传报道外，此次揭牌暨主题研讨活动被《大河报》等10余家媒体报道，影响巨大，反响强烈。

2020年4月7日高三返校复学。为了展现全省高三复学后师生良好的精神面貌，河南省教育厅新闻办在河南省东南西北中五个区域选取5所省内优质普通高中直击开学现场。我们学校有幸成为豫南地区的代表，参与本次活动。

接到通知后，我们组织召开了专题会，研究活动计划，商讨活动细节，成立活动工作领导小组。学校在检测点、门卫、后勤、宿舍、食堂、教室等区域安排专门人员，拍摄记录一天的工作，由组长把关后以每2~3个小时为时间间隔向省教育厅新闻办提供图片、文字素材。

经过努力，我们学校开学第一天近30张图片通过省教育厅面向全省宣传报道，多张图片被《中国教育报》、《教育时报》、《河南教师》、映象网等多家权威媒体信息平台选用。此外，学校及时对开学第一课进行总结报道，《雄关漫道真如铁，而今迈步从头越——淮滨高中学生返校复学第一课》被《人民日报》全文转载，极大地提升了学校的影响力。

**好风“频”借力，润得桃李香！**近年来，淮滨高中在“教育：生命对生命的影响”的教育思想引领下，担负着“为学生生活幸福奠基，为学生生命精彩引航，为学生使命担当铸魂”的教育使命，坚持创新与特色发展，成果丰硕。

同时，借助卓有成效的宣传，学校的知名度和影响力也得以显著提升，在今后的工作中，我们还将持续不懈地努力，树立学校良好的外部形象，让淮河之滨的这颗教育明珠发出更加耀眼的光芒。

**刘成章** 郸城一高校长

郸城一高党委书记、校长，特级教师，中学正高级教师。党的十九大代表，享受国务院特殊津贴专家，全国未成年人思想道德建设先进个人，全国劳动模范，河南省人大代表，河南省中小学名校长，首届河南最具影响力校长。

# 借力媒体信息平台　做好学校宣传工作

为更好地做好学校宣传工作，及时、准确、全面宣传报道学校教育教学管理、教师专业成长、学生学习常规、后勤服务保障、新课程改革、新高考备考等方面取得的成绩、亮点，扩大社会影响，展示学校教育教学、素质教育特色，我校高度重视与媒体信息平台的沟通与合作。

## 给力宣传队伍建设，加强与媒体信息平台的沟通

我校把宣传工作作为学校的重头工作来抓，使全体师生、员工认识到宣传工作人人有责，**认识到宣传工作是创建特色学校与品牌学校的有力抓手，可以为学校实施素质教育提供理论指导、舆论支持、精神支柱和文化条件。**为此，我校出台了相关的规章制度和奖惩措施，统一了思想，激发了师生活力，形成了全员参与抓宣传、人人用心做宣传的氛围。为强化宣传工作的力度，我校建立了信息宣传工作“领导小组、工作小组、信息报道员”的组织结构，我担任宣传工作领导小组组长，副校长担任工作小组组长，各年级选任了3~5人的信息报道员，各职能部门也选定了1~3名信息报道员。

为提高宣传队伍的整体素质，我校外请国内知名专家、学者，每年暑假来校进行宣传知识指导；内请本校管理者、名师，定期举办信息宣传专题讲座，对宣传骨干进行面对面指导。同时，我校要求宣传队伍成员主动加强与媒体信息平台的联系，尽力与各媒体信息平台保持良好的关系，主动邀请部分知名记者加入学校宣传写作团队，协助开展宣传。通过近年来宣传工作的开展，我们与《教育时报》《周口日报》等媒体建立了良好的关系，结交了一大批新闻界朋友，这些媒体为学校作了很多很好的宣传报道。

## 借力媒体信息平台，架起学校和社会沟通的桥梁

宣传工作是社会了解学校的重要窗口，也是学校和社会沟通联系的重要桥梁。为切实做好宣传工作，**我校采用“三主动”的方法，全方位借力媒体信息平台，助力学校宣传工作。**

**一是主动投稿。**对于网站平台、报纸杂志等，我校要求师生员工全员参与，根据不同岗位、不同职责、不同身份提出不同投稿要求。具体来说，要求学校职能部门加强学校各类活动的通讯报道类投稿，教职工加强教育教学专业报纸杂志的投稿，学生加大优秀作文等的投稿，努力实现新闻宣传和学校实力展示同步推进，全方位提高学校社会形象。目前，我校教师以通讯员身份撰写的新闻通讯稿件在《周口日报》《教育时报》等报刊发表已成常态，我校教师撰写的教育管理论文、教学科研论文先后在《学校党建与思想教育》《教书育人·校长参考》《中小学校长》《河南教育》《教学考试》《教学月刊》《招生考试之友》《思想政治课教学》等期刊发表，学生作品也不断在各类文学期刊刊发。这些工作的开展从侧面有效宣传了学校的教育教学特色。

**二是主动邀请。**对于电视台等视频媒体或特色活动的专题报道，我校依据各类活动或相关专题的内容，主动邀请媒体记者进入校园，拍摄新闻短片、撰写专题稿件，力争用现场报道、专题通讯等方式向社会传递学校的好声音。在2010年高考前夕，为全面展示学校的办学成效，我校邀请《周口日报》记者刘华志和郸城县教体局办公室主任张本宝深入我校进行调研，全面挖掘我校在教学方法、管理举措、育人思路等方面的特色，配合他们撰写成通讯稿

件《开放式教学 闭合性管理 规范化育人 内涵型发展——郸城一高“二次创业”教育教学工作巡礼之一》，并于5月25日至28日连载于《周口日报》第一版，树立了良好的学校形象。

三是主动合作。我校要求宣传工作人员全面关注各类媒体的专题专栏，及时发现适合学校实际的专题或专栏，通过自组稿件、联合报道等途径，积极挖掘、深度报道学校的特色优势工作，全方位提升学校的美誉度和影响力。在《周口日报》2011年开展的“向人民报告”系列宣传活动中，我主动联系报社，在全面了解活动内容、活动要求的基础上，撰写了《郸城一高“三乐”教育初体验》一文刊发在活动专栏上，从教师教学、学生管理、后勤服务等方面介绍了学校的“三乐”教育，引起了同行的关注。

在抓好以上工作的基础上，为体现宣传工作的实效性，我校在和媒体信息平台的合作中始终抓住一个“快”字，要求参与人员快速搜集信息素材、快速撰写稿件，力争快速传递到读者面前。为此，每一次活动，我校都要求提前策划与安排时间，精心拍摄并和记者及时沟通，必要时邀请记者到校参与，力争把学校的特色活动及时全面地在媒体信息平台进行宣传报道。

如在河南教育新闻中心和河南教育时报社共同主办的河南教育名片发布活动中，我校积极参与并承办了2019年举行的第15届河南教育名片发布仪式暨“质量·品牌·发展”观摩研讨会。在活动筹备过程中，我校一方面邀请《教育时报》记者深入学校进行考察，配合完成了《敢为天下育英才——对河南教育名片郸城一高的再认识》《一所农村高中的十年创业路》《这里，确有高考制胜的法宝》《这里，确有一种发自内心的笑容》等通讯报道。另一方面动员师生员工撰写了《郸城一高变迁记》《反思性“教”与“学”》《注重课堂，加强考练，完善评价保障服务》《快乐和收获在于拼搏》和“毕业学子如是说”系列短文，全方位展示了学校品牌打造的真实过程。

## 聚力媒体融合发展，大格局开拓宣传工作新局面

目前，校内有郸城一高网站及学校官方微信公众号、校报《晨曦》、电子显示屏、宣传橱窗等宣传载体。当前传统媒体在内容、形式等方面，都表

现出很大的不适应。而新兴媒体大量兴起，以微博、微信为代表的新媒体的出现，使信息传播的主体、内容、媒介、方式等都出现极大改变，并对整个社会的舆论生态产生深刻影响。

在这种背景下，我们必须熟练使用新媒体平台，加快融合发展步伐，打通“报、网、端、微”各种资源，实现全媒体传播，实现宣传效果的最大化和最优化。为此，我校重点加强了以下三个方面的工作。

一是严守阵地意识，加强意识形态管理。**切实做到统一协调、联动发声，对学校的校报、宣传橱窗、电子显示屏、网站、微信公众号等加强统一管理，用好声音和正能量巩固宣传阵地在宣传工作中的作用，**坚决不为错误思潮提供市场和机会。

二是树立品牌意识，加强学校特色和亮点的宣传。我校要求宣传人员主动对学校的全局工作、重大改革举措、重点建设项目做好宣传，及时报道学校的部署、成就和经验，展示工作中的亮点，深入挖掘学校办学过程中形成的优良传统、代表人物、历史事件，加强学校文化建设，凸显学校的文化底蕴和核心价值，努力培育底蕴深厚、学风浓郁、和谐高雅、特色鲜明的校园文化，形成学校的品牌。同时，及时跟踪重点人物，注重发挥先进典型的榜样引领作用，对学校高层次、高水平的管理举措、教研成果，及时进行重点报道，提升学生家长和社会对学校的满意度，为教师专业发展和学校整体提升积累材料、创造良好外部环境。

三是创新联动舆情工作模式，加强网络舆情监控工作。我校不断探索新媒体网络对话机制，成立了舆情信息收集、舆情调查分析和网络评论引导小组，制订了网络舆情监控制度，每天不间断进行实时监控，对舆论进行监控、引导、分析、研判、上报。对校内教师微信群、QQ 群等进行实时监控，并进行有效的舆论引导，对群体性舆论事件积极回应，传播正能量。此外，我校还建立了网络信息通报反馈制度，实行网络信息定期通报和重要问题定期反馈制度，把网上有关校内、校外的重要话题和敏感问题分析整理，及时了解网上思想动态，做好针对性相互沟通和应对处置工作，为师生员工学习工作服务，为学校改革发展服务。

**张胜辉** 北京第二实验小学洛阳分校校长

北京第二实验小学洛阳分校校长，中原名师，河南省特级教师，国家级骨干教师，中国西部教育顾问，中国当代特色学校优秀校长，“中国网”评选的2017年“中国好校长”，河南省优秀教师，河南省中小学名校长。

# 面对面看见精彩，肩并肩走进童心

北京第二实验小学洛阳分校秉承北京总校“大爱”精神，提出“爱育精彩”“爱，让不一样的你一样精彩”的办学理念，坚持打造“四有好老师”式的出彩教师，培育“新时代好少年”式的出彩学生，引领“懂孩子、会教育、做表率”为共识的出彩家长，通过校本课程的研发和特色活动建设，实现“艺体+科学”的特色化发展，收获丰硕的成果。从2013年10月23日建校时145名学生、15名教师迅速发展成为一校四区、118个班、5 800余名学生、300余名教师的集团化规模，学校渐渐赢得了社会各界的信赖。

随着学校的发展，作为校长的我一直在思考：学校越来越大，自己越来越忙，孩子们的生命状态如何？学校的各项工作是否是孩子们喜欢的？我似乎并不那么了解。**合格的校长要做“目中有人”的教育，尽可能多地了解学生，尽可能全面地掌握学生的真实需要。**从实际出发，才是践行“爱育精彩”理念。当下，走进童心是我迫切的需求。

## 偏向童心多处行——因爱缘始

还记得三年前那个充满生命活力的春天。我坐在美茵校园的长椅上，从这个教学楼、综合楼和操场的交会点看去：眼前是绿茵场上奔跑的活力少年，身后是河洛文化主题浮雕，身边随处都是面带微笑的孩子。“校长，我能和您聊聊天吗？”“校长，昨天您怎么没坐在这儿？我想和您说说话。”看着一张张纯真的笑脸，我想，没有人会拒绝与春天的邂逅。“我答应你们，只要有空，我一定在这里陪你。”于是，只要有空闲，我都会在那把长椅上守候。

从开始的拘谨到熟识后无话不说，我们渐渐成为朋友，彼此期待那把长椅，期待那充满魔力的时光。“校长，厕所真的装上隔板了。”“校长，图书室里的新书增加了好多，每次我都不想离开。”孩子们的合理建议，一个个实现，换来我们彼此的信赖。铃声响起，我能感受到孩子们的不舍，我能看到孩子们满眼的期待。

**作为校长，与童心越近就与真正的教育越近，就能实实在在地为孩子谋未来，为祖国育未来。**短暂的邂逅，我和孩子一样，有一种纯净的幸福感，更有一种属于教育人的踏实感。

## 绝知此事要躬行——勉力践行

既然孩子们渴望与我聊天，那就创造一个专属空间，装下这满满的希望。学校行政团队论证，统筹规划，每月一期的“爱·伴我成长——我和校长面对面”活动诞生了！

每月最后一周的周二，中午 12:20 在英才校区（一年级）进行第一场活动。每次走进一个班级，让刚上小学的孩子感受到校长的关爱和期望；13:50 到凝碧校区（五、六年级）进行第二场活动，和高年级学生代表面对面交流；15:00 到美茵校区（二、三、四年级），和中年级学生代表面对面沟通。每期面对面活动，每班两名学生参加。首先是自愿报名，然后进行班级推选，确定班级代表。学生代表的产生与德育“七星少年”评选结合，敦促学生认真对待每一天，呈现精彩的自己。

**每一次与孩子面对面，我都会提醒自己忘掉“我是校长”，融进孩子们的世界，真正和孩子在一起，尊重、接纳并平等对待每一个孩子，培养孩子的自信心和主人翁意识。**

“今天这里没有张校长，只有‘大张’。咱们边吃边聊，不必拘束……”在愉快的笑声中，孩子们相互认识，边吃边聊，聊自己喜欢的课程、喜欢的老师、喜欢的活动。当我一次次从孩子的视角和需要去思考时，发现“好的教育”不仅仅是我们以为的爱和付出，不仅仅是丰富的课程，不仅仅是先进的设备、优越的条件，更多时候是孩子能够被我们成人真正看见和尊重，让他们充分得到信任、感到安全，唯有如此，才能激发他们内在的动力和生命的活力。

## 拼得辛苦为花开——携爱坚守

2017年3月至今，“爱·伴我成长——我和校长面对面”活动共进行了190期，除了每个月底的常规活动，另组织舞蹈、科技、足球、管乐等专场活动，再加上英才校区一年级入学季和凝碧校区六年级毕业季的每班面对面活动。目前，通过“面对面”活动共与8654名学生交流沟通，每一个孩子至少参加过1次。

与孩子面对面的交流，受到了家长的欢迎。许多家长给我发短信、微信，或者见面对我说，孩子和你面对面交流之后，回家可兴奋了，不知说了多少遍，和“大张”谈理想了，谈学习了，提建议了……孩子们可喜欢了，整天想着怎样做学校的小主人呢。

其实，“面对面”看似是我一个人参与，背后却是管理团队的统筹。德育处组织场次，综合组布置会场，后勤部提供保障，校区执行校长、德育主任、年级组长全程参与并记录。这是一个团队的运作才保证了活动的有序、有效。“面对面”活动坚持了三年多，今年在校的5878名学生已全部参加过。我从孩子们身上，看到了各校区的管理现状，看到了工作改进的方向。针对孩子们提出的各种问题和建议，行政会反馈讨论，各部门限期解决并反馈。因为重落实，有反馈，孩子们真实感受到了尊重和信赖。

## 等闲识得东风面——看见精彩

在与孩子们的对话中，我常常会问："孩子们，说说你们喜欢的课程。""谁来夸夸你们的老师？""你最喜欢学校的哪些饭菜？""你在学校有什么烦恼吗？""你希望学校有哪些变化？"

孩子们不知不觉会说很多。从中我能很快知道学校课程开设的效果，教师在学生心中的形象，学生对学校的满意度。我把"学生眼中的老师"分享给教师们，让他们懂得孩子的需要，懂得以自身的改变影响学生，而不是仅仅从自己出发。

我走进一年级和六年级教室，开展整体"面对面"活动。看班级文化和环境建设，清新而温馨的班级布置，反映着教师和孩子对班级的热爱，个性的班级文化体现着教师独有的班级管理理念；观察孩子们脸上的神情，特别是孩子们的眼神，心明眼亮，自信阳光都写在脸上，师生关系一定很好。在和孩子们的互动中，很快掌握了学情：学生是否会倾听和思考，语言表达是否清晰准确反映教师课堂教学是否扎实有效；学生言谈的角度体现教师的价值引领是否正确。从孩子们展示的朗诵、歌曲表演、乐器演奏中，我看到了语文、音乐、舞蹈、乐器的学习效果……

"艺体＋科学"为生命添彩。让品学兼优成为努力的方向而不是自我评定的标准。足球、舞蹈、管乐专场里，我见证了孩子们对自己兴趣的津津乐道和眼睛里闪耀的自豪。我想，**如果以成绩论英雄，他们中的许多人会很沮丧，但是他们有自己的主场，不一样的孩子一样可以很精彩，只要我们给予空间，给予阳光，用心呵护，花自盛开。**

"爱育精彩"浸润六年的孩子，这样解读理念："cai"即"才"——才艺、才能、才干，努力在实践活动中成为一个多才多艺的人；"cai"即"材"——成材，在老师的培养之下，成为国家的"栋梁之材"；"cai"即财——财富、财商，学校生活中收获了智慧、友情等陪伴终生的财富；"cai"即裁——剪裁，老师像一个园丁，为大家修剪枝叶，修正错误；"cai"即采——采集，大家采集到了不一样的知识、不一样的技能、不一样的特长……

## 风物长宜放眼量——远跖创新

2019年我在《人民教育》第17期发表文章《作为校长，我愿把自己摆在儿童的队伍里》，对99场“爱伴我成长——我和校长面对面”活动做了系统梳理；面对面，我找到了校长责任的立足点；面对面，尊重孩子，呵护生命的成长；面对面，看见学情，零距离走进童心； 面对面，感悟精彩，让孩子做学校的主人；面对面，聆听心声，为孩子的未来领航。教育就是影响，通过面对面，在孩子心中种下一颗梦想的种子，耐心培育，让这颗种子生根、发芽、开花、结果，这是我们不懈的追求。

三年，持之以恒的坚守，我们用真爱和智慧影响着孩子，更影响着教师和家长。“爱，让不一样的你一样精彩”是我们探寻的理想境界。这里的“你”不仅仅是学生，还有教师、家长，以及每一个独一无二的人。于是，2019年9月起，“我和校长面对面”活动发展为每个月学生版、教师版、家长版三个专场活动。

新教师专场，老教师专场，免费师范生专场有序进行。我鼓励大家：新教师像老教师一样教，老教师像新教师一样学。营造家文化，满足不同老师的真实需要。同时，为每位老师提供学习、交流、展示的平台，引领每位老师明确成长的方向，制订三年发展规划，实现人生的价值，幸福工作，快乐生活。

即使2020年春季受疫情影响，我们无法返校正常上课，“面对面”活动也紧随当下，3月、4月通过钉钉视频会议方式，分别对身处疫区，或尚处于防控隔离期的学生、教师和家长，举行专场活动。隔屏不隔爱，向大家汇报学校疫情防控工作情况，坚定每个人夺取胜利的信心；倾听大家线上工作学习的情况，引导大家积极面对，与时俱进，创新方法……有效的沟通，让孩子们安心学习、乐观生活，让老师安心工作、创新方法，让家长深深理解，大力支持……所有人同心同德，筑牢学校的安全墙。

“文章本天成，妙手偶得之。”作为一名校长，要缘始见终：**知晓任何活动开展的出发点与终点，都是为了人的发展。作为一名校长，又要见微知著：善于在细节中，把握教育的方式和时机，对学校发展宏观与微观的统筹完善，让教育在收获快乐中不断成长。**

# 重舆情

## ——急风乱雨山自静

# 中小学校园突发事件应急机制建立

河南省教育舆情监测中心　柴静

学校具有人群密度大、安全隐患高等特点，再加上中小学生年龄小、心智发育不够成熟等因素，导致中小学校易成为各种突发事件的高发地。特别是在人人都能成为信息发布者和传播者的互联网时代，经由网络曝光并推动进而发酵演变的突发事件日益增多，如教育腐败、师生不当言行、校园暴力、食物中毒、溺亡踩踏等事件。这类事件易对公众产生较强的心理刺激，在一定的舆论环境下，往往一触即发，迅速引爆舆情。这对中小学校师生的心理和身体均会造成不同程度的损伤，进而影响学校的正常管理和教学秩序，更严重的是，群体性突发危机事件还会对社会的稳定及和谐社会的构建产生危害。

有效管理突发事件，预防突发事件的发生，减少突发事件带来的伤害与影响，维护中小学校园的安全和稳定，这已成为中小学校一项十分重要的工作。中小学校突发事件虽不可能完全避免，但事件发生之前也并不是没有任何征兆，如果能构建合理、完善、行之有效的应急管理机制，对中小学来说将能够很好地预防、监测、评估、处置校园突发事件，并对维护学校安全、保障师生身心健康和财产安全等具有重要的作用。

## 一、应急管理原则与目的

### （一）应急管理原则

中小学校园中，各类突发事件大多具有很多相似特点，面对新时代新媒体的要求，在实际的操作中需要遵守以下应急管理原则，提高管理成效。

#### 1. 科学指导原则

坚持科学性是解决中小学突发事件应急管理问题的关键。坚持科学的态度，把握科学的原则，遵循科学规律。认真学习和实践科学发展观，认真领会习近平总书记关于加强突发事件应急管理的有关指示精神，严格以各省市的各项方针政策为依据，充分运用最新管理学理论和原理，及时吸收理论界的优秀成果，使应急管理工作具有统一性、稳定性和科学性，保证中小学的安全稳定。

2. 快速反应原则

中小学校园危机发生的时候，在第一时间内做出反应非常重要。突发事件往往具有发生快、变化快的特性，这需要学校和相关人员在应对过程中，做到快速反应，力求在第一时间采取最有效的应对措施。事件产生初期，其影响范围相对较小，关注度相对较低，舆情的影响也就相对较小，如果不重视危机事件萌发状态，在发生初期采取搁置不理的态度，就会错过处理问题的最佳时间，有可能引发群体性事件，进而导致事件恶化。

3. 信息公开原则

教育部下发的《关于推进中小学信息公开工作的意见》中，对中小学信息公开工作提出了具体要求，如今信息公开已经是中小学的重要工作。在突发事件发生后，要勇于披露事实，将掌握的信息向公众公开，防止相关信息被误解误读。一些学校在校园危机发生时害怕舆论冲击，下达“封口令”隐瞒真相，导致信息传播渠道不畅，媒体报道失真、民众谣言扩散、校园危机加剧。及时公开信息，不但能保障社会公众对校园突发事件的知情权，也有利于学校积极应对危机，提高学校的公信力。

4. 真诚沟通原则

当前以网络为基础的各种媒体迅猛发展，信息发布快捷，关于校园事件的新闻随着事件发生会被快速地披露出来。面对舆论监督的快速全面，加强中小学危机管理机构与媒体和公众之间的真诚沟通，是解决中小学突发事件的一个重要原则。学校应当广开沟通渠道，认真听取民意，及时构建与公众对话的平台。在应对危机的过程中，中小学管理者应当通过真诚、平等的沟通方式认真倾听不同的声音，做出针对性的回应。

### （二）应急管理目的

中小学校园的和谐、安全、稳定是建设和谐社会的重要组成部分，随着校园日益社会化，校园安全环境日益复杂，如何保障校园在新时期的安全稳定和进步发展便是亟须解决的问题。由于突发事件具有很强的随机性、破坏性和难预测性，建立校园安全突发事件应急机制是确保校园平安的有效方法。

中小学校园突发事件应急机制的建立，能够不断加强中小学校的危机应对管理能力，使其发挥好校园事件的事前预防、事中处置、事后完善的作用，能够针对中小学校的实际情况，妥善应对相应问题。学校通过应急机制，能够及时排查各种风险因素，根据搜集掌握的动态信息预测突发事件发生概率，并提前采取应对措施；当突发事件发生时，中小学校能够快速行动，利用良好的信息沟通渠道，与政府主管部门和社会组织联系，发动师生积极正确应对，进而高效、妥善解决问题；突发事件结束后，中小学校通过对突发事件梳理和分析研究，总结经验教训和不足，并及时从管理角度加以完善。所以，综合来看，中小学校采取切实可行的突发事件应急管理机制，对提升学校管理水平、保障师生人身财产安全、促进社会和谐发展均有重要作用。

## 二、应急管理措施

为规范突发事件的应对管理，提高应急反应能力，可结合实际，制订突发事件应急管理机制。

### （一）建立事前危机预防机制

古人说，凡事预则立，不预则废。建立突发事件危机预防机制，对解决危机至关重要。

#### 1. 加强中小学校突发事件应急管理队伍建设

预防中小学突发事件发生，及时发现并提前解决问题是前提条件。这就需要中小学校建设一支思想过硬、理论和业务能力强的专业管理队伍，并对队伍进行多层次、多方面的危机教育培训，以强化其危机意识。这样才能在关键时刻及时发现危机，遏制危机发生。

#### 2. 启动相关预案

启动相关预案是中小学突发事件应急管理良性发展的重要内容之一。首先，中小学校可根据实际情况，将具有典型意义的危机应对案例建立数据库，总结应对得失，提炼相应的应答口径和技巧，并依此制订应对预案。其次，加大预案的演练工作。突发事件应急预案只有在不断的实践中才能体现其价值，因而演练应强调长期性、层次性、多样性，并从最低层次的应急演练入手，逐步深化应急管理演练的层次和种类。

#### 3. 建立并完善突发事件应急管理预警和信息发布机制

一方面，中小学校要完善预警监测基础能力建设，通过健全完善预警预报系统、决策系统、发布系统、上报系统，夯实应急管理预防预警的基础，确保预警监测的全面性、实时性和准确性；另一方面，由于及时的预警信息发布对减少突发事件造成的危害和损失至关重要，因此中小学校要在持续监测预警的基础上，变被动接受为主动发布并上报相关预警信息。同时应加强预警信息的研判和评估，以保证其在突发事件应对中的有效性。

4. 整合媒体与网络资源

突发事件危机应对中，单纯依靠涉事部门自身，“势单力薄”，合理借用“第三方力量”传播和扩散官方信息，不仅有助于扩大信息辐射范围，而且更容易得到公众的信任和理解。因此，平时注意积累、维护一定的媒体和意见领袖资源，在突发事件危机应对时才能够有效增强话语权，降低危机应对难度。

（二）构建事中危机应对与处置机制

当危机已经形成，应建立果断的危机应对机制以控制事态进一步恶化。危机应对与处置，应建立在舆情监测和分析研判的基础之上，根据公开透明、快报进展等原则，综合利用多种方式，加强各部门协调运作，达到妥善处置突发舆情事件的目的。

1. 确立危机应对与处置原则

第一，不同预警，不同应对。中小学校可结合自身实际情况，制订突发事件舆情预警等级制度，依据预警级别及相关应对原则，准确区分突发事件轻重缓急，采取相应措施对相关事件进行处置。

第二，态度决定一切。危机应对过程中，良好的态度，应对合情合理，照顾公众情绪，人性化语言回应舆论关切等都是危机快速有效化解的关键因素。

第三，通报信息，切忌不实。不实信息往往能引起“破窗效应”，诱发“次生危机”，非但不利于危机的化解，反而会导致公信力和权威性受损。

第四，快报进展，慎报原因。一方面，应通过不断发布权威可靠信息，以最快速度报告事件进展，牢牢掌握舆论话语主导权。另一方面，在调查尚未出结果的情况下，切忌盲目自信，主观推测原因向公众做出解释。

第五，公开透明，与谣言赛跑。谣言和无端臆测根源在于信息不对称。危机应对时，要勇于披露事实，尽量在第一时间向公众公开，防止相关信息被误解误读，彻底消除滋生谣言的“土壤”。

第六，统一口径，协调作业。回应舆论关切需要统一和规范口径，若同一事件在不同部门、不同阶段得到的解释差异大、矛盾多，势必会给舆论留下话柄，质疑责难之声将接踵而至。

2. 建立多方联合应对机制

危机应对中，学校力量单薄，人手不够，应付能力不足等缺陷影响突发事件的处置。因此需要建立多方联动机制，充分发挥政府、社会组织、普通老百姓等各个方面的力量，对危机事件进行及时并有效地干预。

3. 增强舆论扩散的引导机制

加强对舆论的引导是中小学突发事件应急管理的一项重要内容。及时运用媒体信息，可对舆情事件进行正确的引导，使事件向良性发展。对媒体关注甚至热炒的事件，可通过新闻发布会、接受专访等方式，做好有关解答；对已经存在的负面舆论应端正态度，直面问题和失误，积极组织力量开展调查，及时通过主流媒体公开报道处理结果和后续整改措施，主动引导舆论朝有利于工作的方向发展，防止蓄意炒作。此外，还可发挥意见领袖在传播中的桥梁和中介作用。

（三）构建成熟的善后处置机制

如果仅仅注重危机的暂时“平复”，是治标不治本。因此，中小学校要构建成熟的突发性事件善后处置机制，既要积极反映、公开透明、权威发布，又要通过系列实际举措妥善解决公众关切的现实问题，确保中小学校突发事件真正得到处理。

1. 建立事后补偿机制

对突发事件造成的人员伤亡要进行及时的治疗或补偿，对心理出现波动的学校相关人员予以心理辅导和咨询，尽快恢复教学秩序。

2. 加强事后总结评估工作

事后应对预警流程、应对计划、应对效果等各方面进行总结评估，以发现应急管理工作中存在的各种问题，进而培养和强化抵抗危机的能力。这不仅可预防类似的事件再次发生，而且对进一步完善应急管理机制具有重要作用。

3. 构建声誉恢复机制

突发事件形成的危机所造成的总体影响往往难以估计，且持续时间较长。消除危机的影响、降低损失、维持声誉主体的生存是危机恢复管理的重要任务。措施：加强人员培训，提高人员危机管理意识；加强对公众的宣传，实现心理恢复；合理利用危机，实现良性转化等。

中小学突发事件应急管理是一项复杂的系统工程，也应是学校发展战略中的一项长期规划。中小学学校和政府在不断谋求保障学生安全、学校可持续发展等一系列创新的同时，应将突发事件的应急管理放在重要的位置上，并在实践中不断完善中小学突发事件应急管理。

# 案例分析 1：高三重点班用空调事件

河南省教育舆情监测中心

【总述】

2019 年 5 月，据梨视频报道，有学生爆料称，一高中只让高三两个重点班学生开空调，其余的普通班不让使用，有同学偷用空调，电工直接将电路剪掉。该校老师表示，学校线路老化，电压器无法正常带动所有空调。事件热度在 28 日达到最高点，当日 8 时左右，微博话题“只让高三重点班用空调”进入热搜榜单，19 时 39 分，媒体发布事件后续报道称，当地教育局回应表示，经查，该校不存在上述情况。该事件最终以相关话题退出热搜榜单告终。

本文将对该舆情事件经过进行梳理，分析此次事件中官方应对舆情的可取之处与不足之处，为此类舆情应对提供参考。

【舆情事件】

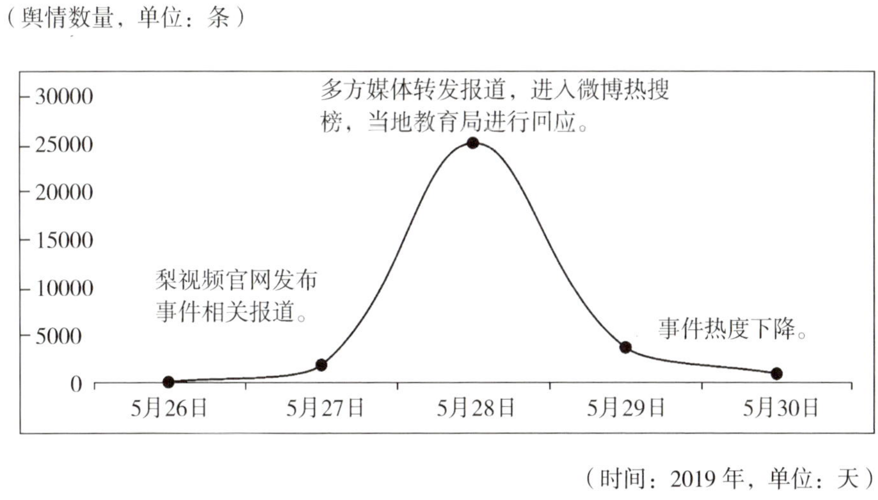


舆情走势图

1. 曝光期

5 月 27 日，梨视频发布视频报道称，26 日，一高中只让高三重点班用空调，并剪掉普通班线路，学校一老师回应称系学校线路老化，空调全开电压器承受不了。

2. 高热期

5 月 27 日 21 时许，认证微博 @ 新浪新闻客户端转发关注此事，《中国新闻周刊》、新浪网等媒体转发报道，事件热度开始攀升。5 月 28 日 8 时许，事件热度继续在高位运行，微博话题“只让高三重点班开空调”进入微博热搜榜第 20 位，截至当日 14 时，全网共监测到相关信息 1.37 万余条，微博话题阅读量 1.9 亿，讨论 1.6 万，@ 新浪新闻客户端相关博文被转发 3714 次，评论 2.25 万条。

3. 消退期

5 月 28 日 16 时许，事件热度降低，相关微博话题退出热搜榜。19 时 39 分，媒体发布事件后续报道称，当地教育局一名工作人员表示，涉事学校经教育部门调查，不存在上述情况，学生违规用电致使学校部分线路损坏，部分楼房用电受到影响，目前正在抢修。相关报道媒体转载量 11 篇，此番回应在微博影响较小，未引发大范围关注。28 日晚，网民被其他社会热门话题转移视线，该事件热度下降。

**【舆论解析】**

从舆情走势图可以看出，该事件从曝光到消退仅用了两天，持续时间较短，但引起的关注比较广泛，网上的讨论量也较大。媒体和网民的观点主要分为以下几个方面：

1. 认为学校违背了教育公平，存在教育歧视

该事件涉及教育资源的公平性问题。此次事件发生在夏天的高考前夕，空调只让重点班用，普通班没资格使用，在资源硬件方面没有进行公平分配。在教育的程度方面，学校区别处置，设立了“重点班”和“普通班”，在日常教学过程中，一些优质的教学资源如优秀师资力量等可能向重点班倾斜。多数网民认为学校不该区别对待，不能以成绩的好坏决定待遇。《光明日报》、澎湃新闻、《新华日报》等主流媒体也发表了评论文章，指出学校此举有违教育公平，学生不存在三六九等，学校不应该只追求升学率，教育应该一视同仁。

2. 对学校区别对待的行为表示愤怒

对学校的区别对待，多数网民关于该事件的相关言论较为愤怒，讨论此事并非个例。网民对比自身曾在学校经历的不公平待遇，认为这是歧视表现，社会上存在的不公平现象比较多，让孩子们在进入复杂社会前就感受到了学校的不公平，对学生会有心理伤害。学生们虽然对知识的理解程度不一样，但对温度的感受都是一样的，进入学校交的费用也是一样的，每个学生都应该被尊重。

3. 认为学校的回应具有推诿搪塞的嫌疑

部分网民对于学校老师回应的电路老化原因并不买账，认为线路老化是学校的借口，空调就是摆设。电路老化就应该及时修理，所有的班级应该轮流使用或者都不使用空调，以免发生更大的意外事故。不管是不是重点班，学生们都在为了高考而奋斗，因为“电路老化”，学校就一碗水端不平，到底老化的是电路还是脑路？

【舆情点评】

本次事件热度上升和下降得比较快，持续时期短，最终被其他热门话题所覆盖。以该事件为例，对于类似的学校管理规定类的争议性事件，相关部门可以从以下几个方面去考虑。

1. 重大考试前夕应提前预判，提前预警

该事件发生在高考前夕，并涉及教育公平问题，公众对于教育公平话题较为敏感，负面情绪深重。公平话题一直是社会热门话题，而且媒体在报道时多使用“重点”和“普通”，容易造成民众心理不平衡，这两个因素导致舆论情绪相对负面。今后，有关部门可根据全国热点事件提前预判同期可能出现的舆情，有针对性地及时指导各地相关工作，提出预警，做好相关准备，做到防患于未然。

2. 各方统一回应口径，联动快速发声

在此次事件发生后，学校老师和当地教育局的回应都比较迅速，但老师的回应和最终教育局的调查结果不一致，这就可能出现新的舆情热点。今后，在应对此类事件时，各部门要主动快速发声，主动发声相对于被动接受媒体采访更能向公众表达对于事件的重视程度，有利于占据舆论先机，获得公众认可。同时，各部门之间应当保持联动，发生舆情时能够第一时间判断舆情的真实性，对事实真相进行调查核实，并且统一回应口径，避免出现偏差，这样才能够在处置舆情时充分发挥引导作用。

### 3. 发声者需权威可信，事件进展及时公布

在此次事件中，舆情发生地的学校仅一名教师进行了发声，做出了事件回应，教师不属于学校管理者，对于此类学校管理类事件的回应缺少权威性，而且在回应后，学校的后续工作进行不到位，此次事件是被其他话题转移了视线，降低了热度，学校处于比较被动的地位。对于此类舆情事件，发生方需要掌握事件主动权，派出代表及时发声，公布事件进展状况，面对舆论质疑，真诚地公开致歉，以缓和紧张局势，赢得舆论支持与肯定，扭转舆论风向。

# 案例分析 2：
# 某小学 7 岁女童被男同学往眼内强塞纸片事件

河南省教育舆情监测中心

【总述】

2019 年 11 月，有媒体报道称，省内某小学一 7 岁女童因被三名同学多次往眼睛里塞纸片而不断前往医院就诊，并造成视力严重下降，校长却回应称，只是孩子间的玩闹、没有恶意，引发网民热议。对此，当地市教体局迅速介入调查，并就受害学生情况、调查处置结果等情况进行公开回应，央视网、《人民日报》、澎湃新闻等媒体广泛转载关注，相关微博话题持续进入热搜榜单，事件热度居高不下，网民热议校园欺凌行为及校长回应敷衍。11 月 14 日至 18 日，随着市政府新闻办再次通报事件进展称已成立联合调查组、教育部就此事进行回应、媒体报道女童眼睛发炎再送医、赔偿协议责任划分等内容的不断公开，事件频引热议，相关微博话题几度进入热搜榜单。本文将对舆情事件的经过进行梳理，分析官方舆情应对的可取之处与不足之处，为此类舆情应对提供参考。

【舆情事件】

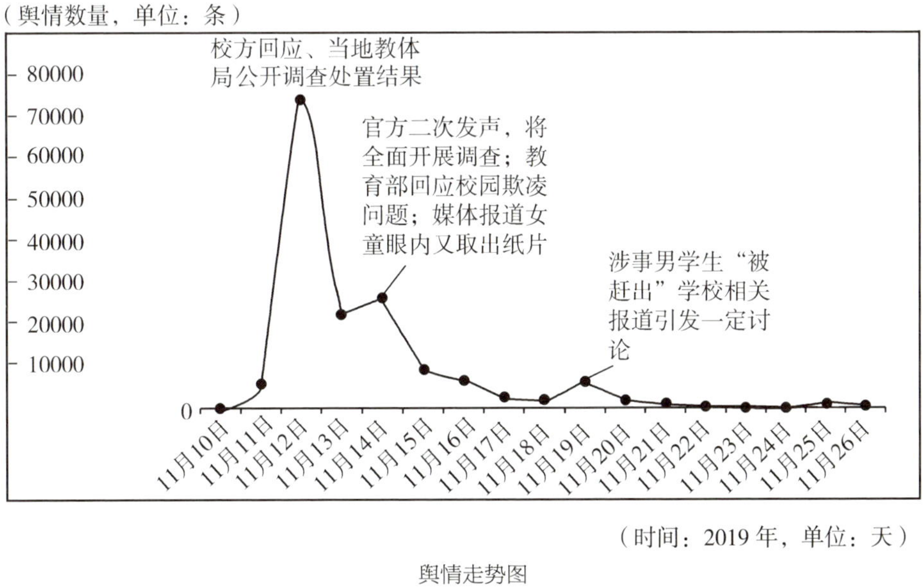


舆情走势图

1. 媒体发布视频报道，舆情开始升温

11 月 11 日 13 时许，某电视台以《7 岁女童眼里取出几十张纸片？知道真相所有人都愤怒了！》为题报道，自 9 月末开始，某小学二年级女生因被三个同学多次往眼睛里塞纸片，造成视力严重下降。相关媒体报道下，网民转评累计五万余次。

2. 校长回应及官方通报再引质疑，舆情热度迅速攀升

11 月 12 日，涉事学校校长回应称，确有此事，但“只是孩子间的玩闹、没有恶意”，引发媒体及网民批判。当日下午，当地市委官方微博公开教体局调查通报称，当事女童健康良好，涉事方已签订赔偿协议并和解；对相关教育部门责任人进行约谈，责令其校长和班主任写出深刻检查，并全市通报；鉴于涉事学生年幼，以批评教育为主，涉事学生均已返校上课，此后将接受心理辅导。舆情热度迅速攀升至峰值。

3. 官方再发声及教育部回应获认可，事件进展持续引关注

14 日凌晨，当地市委宣传部通过官方微博二次发声表示，市政府已成立联合调查组，将对事件进行全面深入调查，并及时向社会公布。当日中午，教育部就此事回应称，要尽最大可能防范校园欺凌，对一些恶性案件，要依法依规处理。随后，媒体持续关注事件最新进展，就受害女童眼内再取出纸片、涉事学生现状、学校教学秩序、学校相关应对举措、各方签订赔偿协议等问题进行了报道，事件热度逐渐下降。

4. 涉事男学生被曝开除，舆情热度小幅回温

11 月 18 日晚，澎湃新闻发文《女童眼内被塞纸片涉事男孩疑被“赶出”学校，调查组仍在查》继续关注此事，部分网民指责学校直接开除学生的处置过于简单粗暴，有懒政之嫌。次日，事件小幅回温，相关微博话题阅读量突破 2 亿。

**【舆论解析】**

该事件一经报道，迅速在网上引发大范围关注和讨论，媒体及网民热议当事学生欺凌行为及涉事各方的回应处置，并以该事件为例，探讨校园欺凌问题的预防和惩治问题。综合来看，主要分为以下几个方面：

1. 对事件表示震愤，并指责校方回应过于敷衍

受当事学生欺凌行为性质恶劣及媒体视频报道冲击性较大的影响，多数网民关于该事件的相关言论较为激愤，要求严惩施暴学生的言论占据主导。此外，校方“只是孩子间的玩闹，没有恶意”的回应公开后，媒体及网民批判声较多，《人民日报》、央视网、《中国青年报》、新华网、光明网等主流媒体先后发表评论文章指责校方回应敷衍、处置失责。

2. 认为处罚太轻，呼吁上级教育部门严肃处理

当地教体局情况通报发布后，部分网民质疑有关部门对校长及伤人学生的处置过轻，希望上级教育部门能介入调查，并严惩相关责任人。施暴学生返校报道发布后，部分网民批判“涉事者安然无恙的上课，被害者不仅要眼睛受累、身心也受到伤害”不合理。

3. 由此事延伸讨论校园欺凌防范及惩治话题

近年来，中小学生欺凌事件时有发生，部分施暴学生手段恶劣、情形严重，如何有效防范校园欺凌事件发生、校方如何做好涉事学生善后处置工作、《中华人民共和国未成年人保护法》是否一定程度上成为施暴学生的“保护伞”等成为网民热议话题。该事件中，部分网民由事件本身延伸讨论“校园欺凌”这一现象级问题，并呼吁有关主体部门细化校园防范举措，明确相关惩治准则。

**【舆情点评】**

1. 提升回应技巧，避免产生次生舆情

从此次舆情传播情况来看，校长“和稀泥”式的回应和当地教体局“轻描淡写”的处罚，是舆情引爆进入微博热搜的最大槽点，引发舆论质疑和谴责，甚至超过了事件本身的热度。这种因回应不当而产生次生舆情的案例不胜枚举，因此，需注重提升涉事主体部门在应对突发事件时回应质疑、疏导舆论的技巧。

2. 全面掌握舆情动向，适时主动发声

此类事件一经报道，有关教育部门应及时研判事件传播态势，并预判或将引发网民质疑的方面，提前做好应对处置工作，并综合考虑舆情走向、处置进程、社会效果等因素，确定合适的发布内容、口径和措辞，如可在事件

热度上升期，通过官方平台或媒体渠道及时、动态公布事件调查处置情况，主动回应网民，降低舆情热度。

#### 3. 舆情应对态度要端正，定性须准确

公正透明、真实准确是突发性舆情事件应对的首要原则，也是释疑止谣、疏导舆情的关键前提。该事件中，校长回应之所以引发媒体及网民批判，主要原因是其对事件的定性过于主观，未建立在客观调查的基础之上，进而引发信任危机，使舆情进一步恶化。

#### 4. 加强校园安全管理，多形式恢复教育形象

应对此类舆情时，除了尽快通过各种渠道通报事件真相及处置措施外，还应借用媒体的影响，主动发布校园安全管理、校园欺凌整改措施等信息，用正面信息修复舆论负面情绪，挽救受损形象。

# 案例分析 3：高中高三学生寝室吃泡面被开除事件

河南省教育舆情监测中心

【总述】

2019 年 12 月 7 日，有网民图文反映，某高中高三学生因为在寝室吃泡面，一人拟被开除，其余三人除给予相应的纪律处分外，责令每人购买 20 箱泡面，由家长到场在学校进行警示展示。

消息公布后引发舆论广泛热议，多认为校方处置不合理。同时新华社、《人民日报》、《新京报》、澎湃新闻等媒体的陆续转发报道，促使事件热度持续走高，并在 12 月 11 日，达到峰值，当日舆情数量达 6009 条。至此网民讨论的关注点也由事件本身延伸至学校其他管理问题。

【舆情事件】

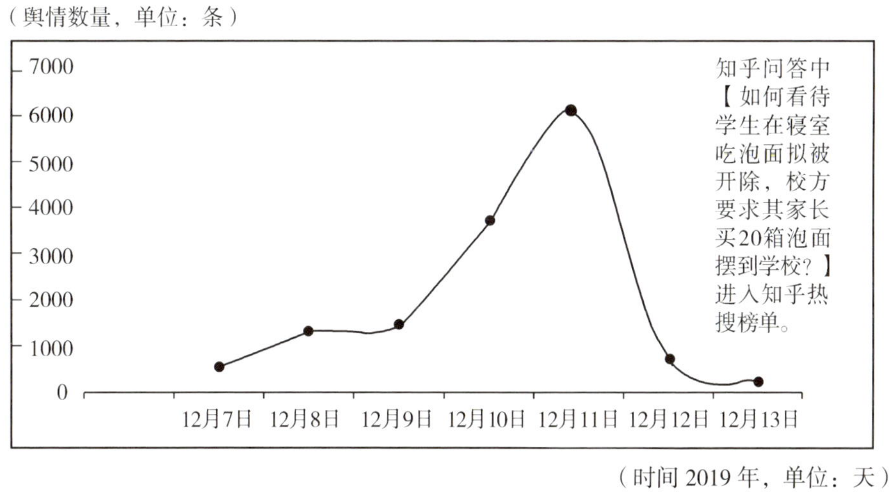


舆情走势图

1. 网民图文爆料，舆情进入曝光期

2019 年 12 月 7 日凌晨，微博某网民图文爆料，某高中高三学生因在寝室吃泡面被处罚，一人预做开除处理，其余三人被要求购买 20 箱泡面公开进行警示展示。仅因吃泡面就被开除，奇葩处罚原因引发小范围关注。

2. 多位校园资讯博主积极发声，舆情逐渐升温

当日 15 时左右，有 30.6 万粉丝的某认证微博发布事件相关博文后，多位校园资讯博主陆续跟进，促使舆情由小范围曝光迅速演变为全网关注的教育类新闻。此外，该事件也开始从微博单一平台传播向全媒体传播转移。话题讨论开始增多，舆情热度持续升温。多数网民认为校方做法不合理，另有部分网民借此反映该校学校管理方面其他不合理规定。

3. 校方回应及官方通报，舆情传播进入高热期

2019 年 12 月 9 日，一媒体报道提及，学校工作人员表示，网传消息是“假的”，没有开除学生，也没有学生因此被停课。县教育局工作人员表示，目前正在对该事件进行调查，预计下午晚些时间会发布官方调查结果。

12 月 9 日 21:06，梨视频发布后续报道，学校工作人员回应称，最近因上火发烧请假的学生较多，所以不允许吃泡面，学生没有被开除，被要求买的泡面已被家长取回。县委宣传部新闻科工作人员表示，学校规定不允许吃有刺激性气味的食物，比如辣条、方便面，在对学生警示时的做法有待商榷。

12 月 10 日上午，媒体发布报道称，该县县委宣传部相关负责人表示，经初步调查，学校确有学生因在寝室吃泡面而被处理一事，但并非开除。涉事照片上的通知，系由学校相关人员私自书写发布，并不代表学校官方声音。至于此事详细情况，上述人士表示相关部门仍在调查，调查结果会第一时间通报。部分网民对此回应表示不接受，并质疑学校推卸责任。

12 月 10 日 14:14，媒体再度发布事件后续报道公开县委宣传部有关情况通报：经查，11 月 25 日 12 时许，高三年级四个学生在寝室吃泡面时，被寝管人员当场查到，鉴于四个学生的行为给其他学生休息、宿舍环境造成负面影响，为杜绝此类事件再次发生，学校研究之后给予四个学生“写出纪律和成绩保证书，扣除个人量化积分 10 分”处分，网传开除一事不属实。

为强化教育警示作用，学校和学生家长沟通后，要求家长购买泡面进行展示。对此做法，县教育局调查核实后，认为做法失当，责令学校以此为戒，强化学生为本的教育理念，改进工作方式方法，处理好严管和厚爱的关系；学校采取多种措施，对此事件进行总结、反思，举一反三，建章立制，全面

整改，提升教育管理效果。

12 月 10 日，教育局在其微信官方账号发布此事件有关情况通报。

12 月 11 日，知乎问答“如何看待中学生在寝室吃泡面拟被开除，校方要求其家长买 20 箱泡面摆到学校？”进入知乎热搜榜，话题热度持续上升并占据热搜第一位。此外，知乎及微博平台网民言论“讨伐”由事件本身延伸至学校其他管理问题，舆情热度出现峰值。

4. 外部事件发生，公众转移视线，舆情进入消退期

2019 年 12 月 12 日下午，随着其他新热点事件的曝光，网民注意力开始转移，该事件热度迅速消退。

【舆论解析】

该事件一经曝光便在短时间内形成热点话题，事件的离奇程度、媒体的陆续报道以及网民的集体发声等因素，成为助推舆情快速传播的动力。

从媒体报道内容来看，前期媒体报道主要集中在事件起因、处理结果以及涉事学校回应内容上。后期以《中国教育报》、东方网、《燕赵都市报》等为代表的媒体就此事件发表评论。媒体一致批评涉事高中管理过于严苛，甚至有自媒体人直指奇葩规则背后是官僚主义在作祟。

从网民角度来看，其观点主要如下：

1. 认为校方处置不当，质疑学校管理规定不合理

该事件中，涉事学生因吃泡面就被开除，大多数网民对事件表示愤慨，认为校方开除理由奇葩，责令买 20 箱泡面的操作更让人迷惑。这也是促使该事件一经曝光便在短时间内形成热点话题的重要原因。更有网民认为，该校管理过于上纲上线，非常不合理。

2. 认为其中存在利益关系，并借此反映学校其他管理问题

部分网友质疑校长和食堂承包商之间存在利益关系，认为学生吃泡面，影响学校食堂的生意，才会被开除。同时也有网友表示该校一直存在践踏学生尊严、惩罚过重等普遍问题。

3. 对校方及教育局回应表示不认可

校方以及教育局对吃泡面被开除一事进行了辟谣，但部分网民认为校方

先后几次的回应内容自相矛盾，有推卸责任嫌疑，同时教育局调查与处理事情不及时，网民认为其处理态度不端正，导致部分网民对相关回应持不认可的态度。

**【舆情点评】**

1. 提升回应技巧，有效规避次生舆情

该事件中，校方及教育局的回应未能充分解答网民质疑，甚至一定程度引发了网民“逆反”情绪，转而批判校方其他管理问题，使得舆情进一步恶化。对此，建议舆情应对主体部门要注重研究掌握舆情传播规律，整理网民关切点，利用信息公开手段，有针对性地消除公众掌握的信息与事实之间的不对称，同时要避免回应口径自相矛盾的问题，有效减少次生舆情发生机会。

2. 及时公布后续，修复受损形象

此类舆情发生后，或将对教育部门及学校形象带来负面影响。对此，有关涉事主体应及时公布事件后续处置情况或整改举措，挽救受损形象。此外，对后续处置的公开若仅停留在承诺建立有关制度方面，易引发网民“敷衍、不作为”的质疑，形象修复应建立在客观事实之上，密切落实善后工作方能对形象修复起到积极作用。

# 案例分析 4：某县一小学学生营养餐事件

河南省教育舆情监测中心

【总述】

2018 年 9 月 12 日晚，某微博网民发布某学校食堂学生就餐视频，称某小学营养餐是半碗素面条，与张贴公布的规定菜单严重不符。视频显示，食堂的工作人员戴棉线手套，从一盆素面条中抓了一把，放在排队孩子的碗中。食堂墙上的公示栏标注了教育局规定的每日菜品，还明确了每种配菜的克数，还有孩子将面条泡水后吃下。

该视频随即在微博平台上引发大范围关注。9 月 13 日，当地县委宣传部做出回应，引发各方关注，舆论声量达到峰值；14 日上午，观察者网整理报道了“免费午餐”资助学校的公示微博，再次引发网友的对比讨论，并形成了舆论次高峰。

【舆情事件】

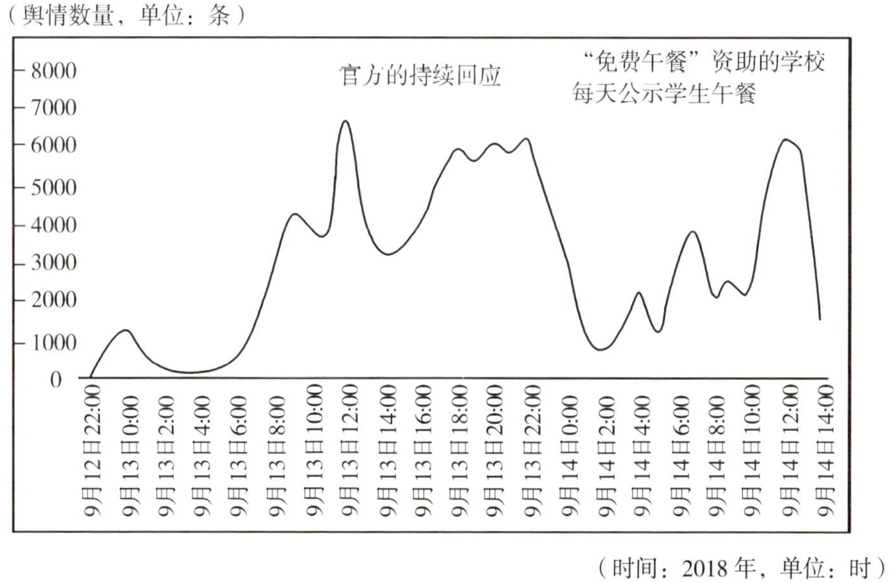


舆情走势图

1. 某小学午餐被曝敷衍，引发广泛关注

2018 年 9 月 12 日晚，某网友发布微博称，某小学学生的营养餐只有半碗素面条，没有其他配菜。该网友提供的视频显示，学校食堂摆有一盆看起来无配菜的素面条，一个戴棉线手套的工作人员正在给拿碗排队的学生一人抓一把素面条。食堂餐桌上，很多学生正在吃面，并无其他配菜。与之形成鲜明对比的是，食堂墙上白板公示的菜单里，当天的菜品应为鸡丁炒西葫芦、蒜薹鸡块等。学生营养餐与实际严重不符，引发网民广泛关注，事件迅速在微博平台广泛传播。

2. 涉事校长回应，引发民众不满

涉事校长在接受媒体采访时表示，学校餐厅是由教育局统一招标的餐饮公司经营，每个学生都有 4 元营养餐补助，每天菜品都按照当地教育局安监办规定的食谱来制作。校长的回应无关痛痒，有推卸责任嫌疑，网民希望相关部门能够彻查。

3. 官方介入调查，迅速公布处理方案，舆论逐渐平息

2018 年 9 月 13 日，该县组织教育、药检、工商等相关部门与安全办工作人员到达学校供餐加工点核实情况，省教育厅、市教育局随后派专员到达学校调查。

2018 年 9 月 13 日晚，县委网络管理中心通报了调查结果。经查，9 月 12 日，学校供餐点供应蒸面条和米粥，用鸡架、豆角、豆芽配菜，其中鸡架和蔬菜量少，与教体局要求的食谱不符。按照县农村九年义务教育营养改善计划食堂供餐管理办法规定，对县教体局主管安全的责任人给予严重警告处分、给予中心校校长停职处理，给予中心校营养专干撤职处分，免去涉事校校长职务。此外，组织食品药监部门对供餐公司加工点经营情况作进一步的调查，并对相关责任人进行严肃问责。

13 日晚，省教育厅微博回应：河南省学生营养办印发《关于进一步加强农村义务教育学生营养改善计划监督管理工作的通知》，要求各相关省辖市教育局、直管县（市）教育局、各试点县营养办定期公布配餐食谱、数量和价格，严禁克扣和浪费，确保 4 元膳食补助全部用在学生身上。官方的一系

列回应，引发了舆论的广泛关注。

《新京报》、澎湃新闻、封面新闻、中新网等多家媒体对此事件进行了持续的跟踪和报道，新华网、光明网、人民网等多家媒体对此事件发表评论。网民能迅速了解事件的真相，看法更加理性，舆论出现回落趋势。

4. 公益项目进入公众视野，引发次生舆情

对比该营养餐问题，网民通过一网站微博，发现多所受“免费午餐”公益项目资助的学校每天都会发微博公示学生餐食。“免费午餐”公益项目官方微博称，目前享受资助的800多所学校均有微博且会每天公示学生午餐情况。此新闻一经报道，便再次引发网友的热议，在短时间内形成次生舆情。与对此次营养餐事件的态度不同，网民纷纷对这种做法表示称赞，甚至建议学校的营养餐计划借鉴专业化公益组织的工作经验。

**【舆论解析】**

营养餐事件一经报道，迅速引发媒体以及网民的大范围关注和讨论，媒体方面，不仅对该事件进行了跟踪报道，大多数还公开发表了对此事的看法。如《新京报》发表评论《学生营养餐，越公开越有“营养”》，《每日新报》发表评论《学生营养餐不能沦为“唐僧肉”》，《光明日报》发表评论《学生吃好营养餐，资金使用要透明》，新华网发表评论《用高成本斩断伸向学生营养餐的“黑手”》等。媒体的质疑与批评声音在某种程度上与网民的态度具有一致性。

网民观点主要如下：

1. 对该事件表示震惊与愤怒，希望有关部门严查

多数网民对该校出现这样的营养餐情况表示愤怒和震惊，对学生的饮食健康状况表示担忧，同时猜测到底是哪所学校，并对营养餐相关款项的去处表示质疑，强烈要求有关部门速查、严查此事。

2. 官方迅速回应，引网民称赞

该事件曝光后，官方高度重视，迅速成立调查小组，及时回应网民关切，网民纷纷称赞。

3. 惩罚不到位，希望严惩，并对该事件进一步处理

通报结果出来后，部分网民表示对被处理官员不应只是免职，且处理的对象不应都是基层管理者，上级主管部门也应该被追责，被严厉惩处。针对该事件，网民希望官方继续追查营养餐差价的实际去向，并希望有关部门采取加强监管、强化透明制度等措施，以防此类事件再次发生。

【舆情点评】

1. 官方及时处理，体现较高舆情素养

营养餐问题涉及公众利益。问题发生后，当地教育部门在 24 小时之内及时调查，并迅速对涉事校长进行处理，主动发布相关信息回应，态度认真负责，舆情处理适当。此外，当地宣传部门和教育行政部门的回应，信息公开透明，及时回应网友关切，迅速承认客观存在的失误事实，并就营养餐补助成本进行解释，不仅能够提高政府的公信力，而且有助于网民讨论回归理性。

2. 校方舆情应对态度要端正

该事件中，涉事学校提供的餐食确实存在与教体局要求的食谱不符的情况，但涉事学校校长的回应不尊重客观事实，想掩盖事实真相，已经失去了客观公正的立场，极易引发网民的负面情绪。在舆情应对中，公正透明、真实准确是突发性舆情事件应对的首要原则，有利于释疑止谣、疏导舆情，挽救学校的形象，减少相应的损失。

3. 多形式恢复教育形象

恢复民众信任，挽救学校形象，是舆情应对的一项重要工作。特别是要避免类似情况的再次上演。除了掌握应对网络舆情的方法，尽快通过各种渠道通报事件真相及处置措施外，更应该关注自身所存在的问题。如主动对存在问题的环节予以整改，完善营养餐计划，并加强日常监管等，这些正面举措都是消除负面情绪的有效方法。

# 案例分析5：一男童被同学排队吐口水事件

河南省教育舆情监测中心

【总述】

2018年5月1日，某视频平台发布标题为“男童吐口水，老师让女生排队吐回来”的视频，记录了当时集体吐口水“仪式”的过程，并配摘要：“近日，某地一男童朝女同学吐口水，于是幼儿园老师让班上17名女生排队朝该男童吐口水。家长得知此事后，反映到教育局，目前该老师已被停职”。该事件经由媒体转发后，引发广泛关注。

【舆情事件】

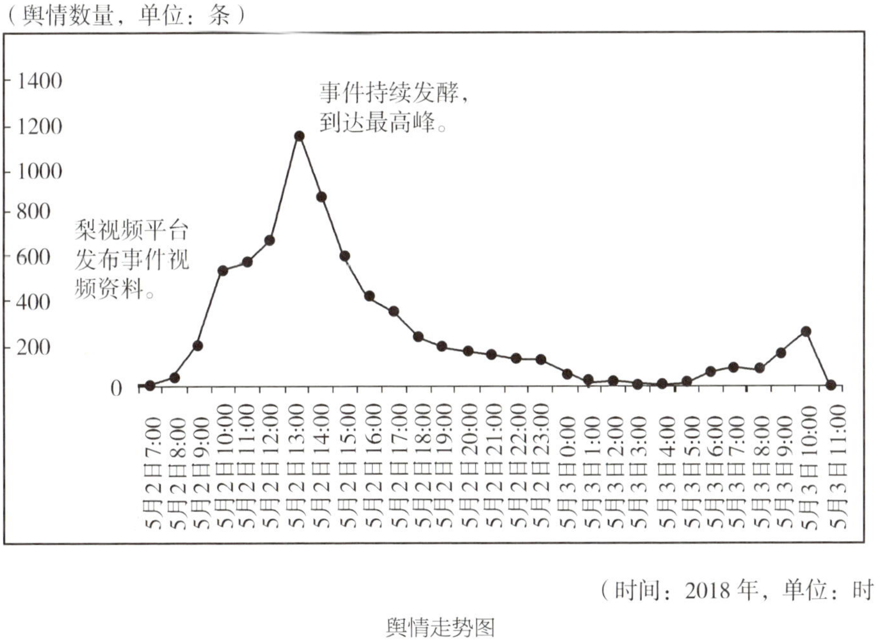


舆情走势图

该事件发生在3月21日，当地教育局已经做了处置，给予涉事教师停职处分并要求幼儿园整改，但家长对此处置结果并不满意，将老师告上法庭。

1. 媒体发布视频报道

2018年5月1日22:15，某视频平台以视频的形式又将该事件呈现在大众面前，引发舆论关注。视频详细内容：事发时，一位老师对全班小朋友“通报”了小男孩无故朝女生吐口水的捣蛋情况，然后召集班里女生排好队，分别向该男生吐口水，老师还叮嘱女生们“不要吐太多吐沫在他身上”。在老师的指挥下，女生们一个个开始有序地排着队吐口水。老师还要求每一个同学吐完口水，剩下的同学们都要拍手鼓掌。男童在接受了这样的“仪式”洗礼后，哭了起来。老师面向所有同学问道：“他现在敢不敢吐我们班小朋友了？”学生们集体回答：“不敢。”老师接着追问：“他哭了没有？”孩子们齐声道：“哭了！”老师点头道：“因为他很难受，对不对？来，谁敢吐的举一下手。”……

2. 舆情热度到达顶峰

2018 年 5 月 2 日舆情热度走高，于当日 13：00 出现了舆情趋势高峰，该时间节点信息量达到 1172 条，当日信息总量为 6266 条。

3. 舆情热度下降

2018 年 5 月 3 日之后，事件信息量减少，舆情热度下降。

**【舆论解析】**

在该舆情事件中，网民讨论更多地集中在该教师的处理方式上，另外还有网民讨论到了家庭教育的问题。对于老师的处理方式，网民观点呈现两端分化，两种观点相互交锋。

1. 认为教师处理方式没问题

多数网民认同该教师的做法。认为老师这样做既是对男孩做错事的惩罚，也是为了让男孩换位思考。在事件视频中，该教师还对吐口水的女生们说“不要吐太多吐沫”，可见老师并不是让小朋友真的吐出来，而是鼓励女生勇敢地回击暴力保护自己不受欺辱。

2. 认为教师处理方式有问题

部分网民并不认同该教师的做法，认为解决方式有些暴力，带有侮辱性质，矫枉过正，认为这不是正确的教育理念和处理方式。网友认为男孩还只是幼儿园的学生，三观还没有建立起来，老师这样的做法容易让男孩自尊受挫，留下阴影，受到严重的心理伤害。还有些评论将此事件与前些年的幼儿园虐童事件联系起来，认为存在很多教师德行不端的现象。

3. 认为男孩父母的家庭教育没有做好

根据事件男孩无故朝女生吐口水的情况，还有网民讨论到了家庭教育的问题。男孩母亲在电话采访里，对自己孩子的做法就只是一句“可能他和其中一个女生有点矛盾”，就一笔带过，并没有认识到男孩的错误，网民认为男孩父母没有教导男孩学会尊重别人，家庭教育没有做好。

**【舆情点评】**

在本次舆情事件中，该教师初衷是好的，但做法欠妥当，面对这种不礼貌的行为应该进行干预和正确的引导，教育管理部门对其做出停职处分并不过分。本次事件的舆论关注点主要在教师的教育方式上，并没有将矛头指向学校或其他部门，本次学校和相关部门的处理值得借鉴，以后在应对此类舆情时，也可以从以下几个方面去考虑：

1. 适度发声，避免过犹不及

在本次事件中，市教育局和区教育局在接到反映后，联合进行调查，向当事人了解相关情况，最后做出了“给予教师停职处分并要求幼儿园整改”的决定。学校也接受了教育局的决定，没有阳奉阴违。本次舆论关注点并没有指向学校或管理部门对教师的停职处分决定上，并且该教师及其家人并没有表达出对停职的不满，这说明学校和管理部门的处理是正确的，发声是适度的。在这种情况下应该静观其变，不宜再次发声，如更改对该教师的处理意见，避免过犹不及。

2. 保证信息公开，防止过分解读

本次舆情中，学校和管理部门的做法公开透明，没有其他过分发声行为，涉事老师丈夫的发言也比较客观公正，这些对于事件的平息都起了促进作用。在新媒体时代，舆情的传播环境已经改变，不能凭借传播渠道的霸权控制信息和统领舆论，如果继续采用过去的删帖行为、控制主流媒体信息发布、靠铺天盖地的宣传攻势来引导舆论，很可能会引起网民的不满，使舆情反弹。在处理舆情事件时，要保证信息的公开透明，运用图表等数据可视化技术，全面呈现事件真相，实现客观理性，消除舆论的“盲人摸象”效应，化解网民偏激情绪，引导舆情走向，防止网民过分解读。

### 3. 加强舆情监管，防止舆情复燃

本次舆情事件发生在 3 月下旬，本已解决完毕，但在一个多月后竟然又呈现在大众面前，引发舆论关注，这是相关部门在舆情监管方面做得不到位。各部门要完善舆情监测机制，积极探索并建立专业互联网舆情监控平台，提高舆情监测精准度以及实效性，实行全天候监测，准确地把握舆论的发生、发展和未来走向，对较为敏感的舆情提前做出研判，有效避免网络舆论造成的不良后果，防止舆情复燃。

### 4. 加强教师师德教育，树立行为规范

本次事件中的教师做法欠妥当，应引起学校和教师们的反思。这样的做法可能会使学生产生逆反心理，甚至留下心理阴影。在今后工作中，对于教师招聘，特别是幼儿园招聘工作，学校要对教师师德师风进行重点考察，同时要加强教师的师德师风教育。教师也要摒弃简单粗暴的教育方式，通过抓住日常生活中的点滴小事，利用同伴的榜样示范来对具有不良习惯的幼儿进行影响，通过向榜样同伴学习的方式，纠正学生的不良行为。

# 案例分析 6：某县一幼儿园教师曾组织孩子们集体应援明星事件

河南省教育舆情监测中心

【总述】

2020 年 5 月，学校教师组织学生追捧自己喜欢的明星现象频繁发生，成为社会各界关注的焦点。《人民日报》等多家主流媒体对此发表评论，直指粉丝追星等“饭圈”文化对青少年价值观产生严重负面影响，教师利用自身职务之便组织学生追星的行为更是“突破了职业规范，有损教师职业道德，折射出教育培养管理的漏洞”，呼吁“饭圈”不能进课堂。

在此背景下，“某县一幼儿园教师让孩子助威明星王俊凯”一事一经爆出，相关话题也产生连锁反应，持续引发舆论高度关注，一度登上微博热搜榜首位，相关话题阅读量累计超 5 亿次。

【舆情事件】

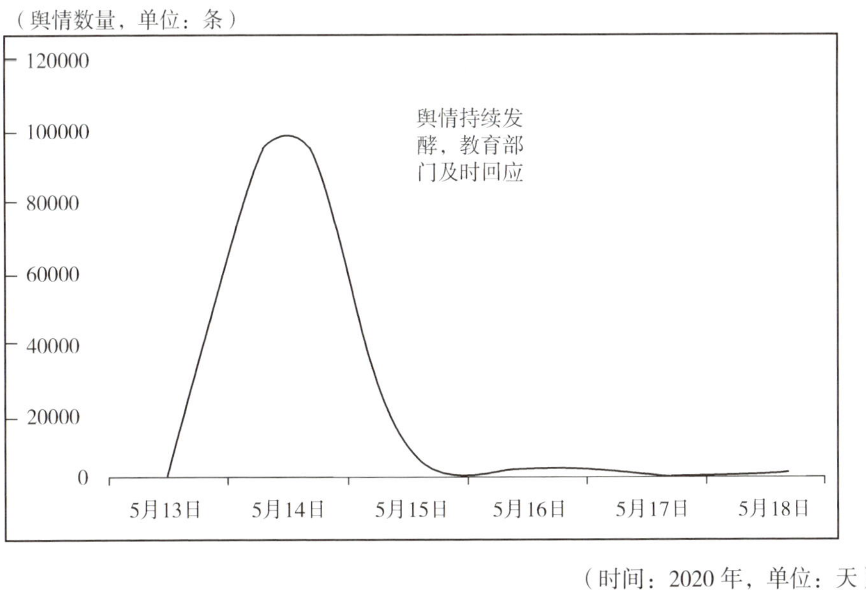


舆情走势图

1. 事件突发，引发舆论关注

2020 年 5 月 13 日晚，某视频网站发布消息称，某县一幼师组织孩子们拍视频，问“佳佳老师男朋友是谁”，学生答“王俊凯”，当事老师否认此举是带学生应援。对此，当地教体局工作人员称将落实情况。网民多指责当事教师滥用职权应援、对教师行为表示不满，并呼吁有关各方关注教师利用职权追星这一现象带来的不良影响，部分网民借此讨论教师准入门槛及教师群体素质问题。

2. 话题持续发酵，达到舆论峰值

5 月 14 日早，微博话题“一幼师让孩子应援王俊凯”进入热搜榜首位，舆情热度持续上升，有关话题信息量近 10 万，阅读量累计超 5 亿次。

5 月 14 日 12 时许，视频发布后续报道提及，当地教育局工作人员回应称，事情发生在2017年，该教师早已被辞退，随后该幼儿园被发现办学条件不达标，已取消资质，且涉事幼儿园已改成早教园。

早教园负责人李老师回应，涉事老师很久前已被辞退 。该老师在早教园只待了差不多一个月，玩心很重 ，态度也不认真。李老师称，新来的老师都会进行培训，发生这种事是园方疏忽了，接下来会加强对教师的培训。

3. 及时回应，舆论逐渐消退

由于该事件属于旧事被挖，有炒作嫌疑。再加上相关部门的回应正确且及时，网民舆论迅速回归理性。但鉴于“饭圈”文化进校园的话题频出，网民对该事件持续关注，导致相关话题仍继续出现。

【舆论解析】

该视频一经爆出，迅速在网上引发大范围关注和讨论。截至 2020 年 5 月 18 日，共监测到相关信息 11.6 万余条，《新京报》、中国网、梨视频、大象新闻等各级媒体报道关注。媒体主要关注事件的进展，部分媒体对“饭圈”文化进校园进行了评价，主要态度有学生不是任由支配的玩偶，更不是追星的工具，越界的追星行为不可取，应文明理性追星等。

网民舆论对此事的关注点主要集中在以下几个方面：

1. 指责当事教师行为不当

担负教书育人重任的教师成为“饭圈”成员，且利用教师的权威让学生为偶像应援，指责当事教师行为不当占据网络舆论主导。

2. 认为非个例，呼吁关注现象级问题

该事件一出，部分网民认为教师带学生应援明星事件并不鲜见，5月11日，就有“江苏宿迁沭阳县一名小学老师，公开组织全班学生为肖战录制应援视频”一事。同类问题的出现，再次引发民众对教师师德师风培养、“饭圈”追星等问题的关注与探讨。同时呼吁各部门和媒体关注此类现象级问题，不仅要发声，更要严肃处理。

3. 将事件上升至幼师群体

该事件中，涉事教师是一名幼儿园生活老师，但部分网民将事件上升至幼师群体，认为幼师队伍普遍缺乏职业素养，教育管理方面存在问题。

4. 讨论“饭圈文化”该不该出现在校园的问题

虽然当地教育部门给予回应，但并没有阻止舆论对“‘饭圈’文化已进幼儿园”的热议。大多数网民认为应文明理性追星，学生不应该成为老师追星的工具。《人民日报》《南方日报》《工人日报》等主流媒体均发表了类似的看法。

**【舆情点评】**

1. 当地教育部门及时启动调查，回应舆论关切

教师组织学生拍视频，应援自己喜欢的明星，是利用工作之便“追星”，给学生灌输不健康的“饭圈”文化，不利于培养学生健康的价值观和审美意识。当地教育部门及时启动调查，回应舆论关切，是正确的舆情危机处理方式。

2. 学校舆情应对态度端正，定位准确

“饭圈”文化进校园问题，本质上是“谁在影响着青少年学生价值观”的问题，老师作为引导人，加强对教师队伍的整体建设，提升教师职业道德素养，规范教师的行为至关重要。应避免其将个人倾向和喜好带入课堂，影响学生价值观养成。同时，个别教师把“饭圈文化”带进校园，也提醒了教育部门和学校要关注教师群体的变化，要采取与之适应的管理和教育、培训

方式。视频内容曝光后，该幼儿园法人李老师客观地舆情应对，有利于增加网民的信任度，便于处理舆论危机。但在如何对老师进行培训、如何规范教师行为等方面，并没有给出具体方案，效果大打折扣。

### 3. 掌握舆情动向，适时主动发声

该事件发生在2017年，重新被挖出，属于个别案例，但部分网民上纲上线，已经将之视为幼师的群体性行为，不利于形成健康的舆论环境。学校以及教育相关部门应全面掌握舆情走向，必要时应主动发声，引导舆论健康传播，防止事件被过度解读。

### 4. 学校应该加强对学生的审美教育和价值观教育

在组织学生应援的教师看来，安排孩子拍视频，除了应援明星外，有可能还是一项别开生面的教育活动。学校应发挥思想政治阵地作用，组织教师讨论如何创新教学、组织学生开展有意义的课外活动，以强化对学生的审美教育和价值观教育。此外各校应进一步创新主流价值观宣传教育形式，从课堂到政务新媒体平台，用青少年易接受的话语宣传，让主流价值观真正根植于青少年心中。